ESPUMAS FLUTUANTES

Castro Alves

ESPUMAS FLUTUANTES

www.lpm.com.br
L&PM POCKET

Coleção **L&PM** POCKET, vol. 31

Texto de acordo com a nova ortografia.

Primeira edição na Coleção **L&PM** POCKET: maio de 1997
Esta reimpressão: abril de 2024

Ilustração da capa: desenho de Henri Matisse
Revisão: Delza Meni, Renato Deitos e Hannah Celtan

ISBN 978-85-254-0688-0

C355e

Castro Alves, Antonio de, 1847-1871
Espumas flutuantes / Antonio de Castro Alves. – Porto Alegre: L&PM, 2024.
160 p, ; 18 cm. – (Coleção L&PM POCKET ; v. 31)

1. Ficção brasileira-Poesias. I.Alves, Antonio de Castro, 1847-1871. II. Título. II. Série.

CDD 869.91
CDU 869.0(81)-1

Catalogação elaborada por Izabel A. Merlo, CRB 10/329.

Rua Comendador Coruja, 314, loja 9 – Floresta – 90.220-180
Porto Alegre – RS – Brasil / Fone: 51.3225.5777

Pedidos & Depto. Comercial: vendas@lpm.com.br
Fale conosco: info@lpm.com.br
www.lpm.com.br

Impresso no Brasil
Outono de 2024

À Memória de Meu Pai, de Minha
Mãe e de Meu Irmão
O. D. C.

PRÓLOGO

Era por uma dessas tardes em que o azul do céu oriental – é pálido e saudoso, em que o rumor do vento nas vergas – é monótono e cadente, e o quebro da vaga na amurada do navio – é queixoso e tétrico.

Das bandas do ocidente o sol se atufava nos mares "como um brigue em chamas..." e daquele vasto incêndio do crepúsculo alastrava-se a cabeça loura das ondas.

Além... os cerros de granito dessa formosa terra de Guanabara, vacilantes, a lutarem com a onda invasora de azul, que descia das alturas... recortavam-se indecisos na penumbra do horizonte.

Longe, inda mais longe... os cimos fantásticos da serra dos órgãos embebiam-se na distância, sumiam-se, abismavam-se numa espécie de naufrágio celeste.

Só e triste, encostado à borda do navio, eu seguia com os olhos aquele esvaecimento indefinido e minha alma apegava-se à forma vacilante das montanhas – derradeiras atalaias dos meus arraiais da mocidade.

É que lá, dessas terras do sul, para onde eu levara o fogo de todos os entusiasmos, o viço de todas as ilusões, os meus vinte anos de seiva e de mocidade, as minhas esperanças de glória e de futuro;... é que dessas terras do sul, onde eu penetrara "como o moço Rafael subindo as escadas do Vaticano";... volvia agora silencioso e alquebrado... trazendo por única ambição – a esperança de repouso em minha pátria.

Foi então que, em face destas duas tristezas – a noite que descia dos céus, – a solidão que subia do oceano –, recordei-me de vós, ó meus amigos!

E tive pena de lembrar que em breve nada restaria do peregrino na terra hospitaleira, onde vagara; nem sequer a lembrança desta alma, que convosco e por vós vivera e sentira, gemera e cantara...

Ó espíritos errantes sobre a terra! ó velas enfunadas sobre os mares!... Vós bem sabeis quanto sois efêmeros... – passageiros que vos absorveis no espaço escuro, ou no escuro esquecimento.

E quando – comediantes do infinito – vos obumbrais nos bastidores do abismo, o que resta de vós?

– Uma esteira de espumas... – flores perdidas na vasta indiferença do oceano. – Um punhado de versos... – espumas flutuantes no dorso fero da vida!...

E o que são na verdade estes meus cantos?...

Como as espumas, que nascem do mar e do céu, da vaga e do vento, eles são filhos da musa – este sopro do alto; do coração – este pélago da alma.

E como as espumas são, às vezes, a flora sombria da tempestade, eles por vezes rebentaram ao estalar fatídico do látego da desgraça.

E como também o aljofre dourado das espumas reflete as opalas, rutilantes do arco-íris, eles por acaso refletiram o prisma fantástico da ventura ou do entusiasmo – estes signos brilhantes da aliança de Deus com a juventude!

Mas, como as espumas flutuantes levam, boiando nas solidões marinhas, a lágrima saudosa do marujo... possam eles, ó meus amigos! – efêmeros filhos de minh'alma – levar uma lembrança de mim às vossas plagas!

S. Salvador, fevereiro de 1870.

Castro Alves

DEDICATÓRIA

A POMBA d'aliança o voo espraia
Na superfície azul do mar imenso,
Rente... rente da espuma já desmaia
Medindo a curva do horizonte extenso...
Mas um disco se avista ao longe... A praia
Rasga nitente o nevoeiro denso!...
Ó pouso! ó monte! ó ramo de oliveira!
Ninho amigo da pomba forasteira!...

Assim, meu pobre livro as asas larga
Neste oceano sem fim, sombrio, eterno...
O mar atira-lhe a saliva amarga,
O céu lhe atira o temporal de inverno...
O triste verga à tão pesada carga!
Quem abre ao triste um coração paterno?...
É tão bom ter por árvore – uns carinhos!
É tão bom de uns afetos – fazer ninhos!

Pobre órfão! Vagando nos espaços
Embalde às solidões mandas um grito!
Que importa? De uma cruz ao longe os braços
Vejo abrirem-se ao mísero precito...
Os túmulos dos teus dão-te regaços!
Ama-te a sombra do salgueiro aflito...
Vai, pois, meu livro! e como louro agreste
Traz-me no bico um ramo de... cipreste!

Bahia, janeiro de 1870.

O LIVRO E A AMÉRICA

AO GRÊMIO LITERÁRIO

TALHADO para as grandezas,
P'ra crescer, criar, subir,
O Novo Mundo nos músculos
Sente a seiva do porvir.
– Estatuário de colossos –
Cansado doutros esboços
Disse um dia Jeová:
"Vai, Colombo, abre a cortina
"Da minha eterna oficina...
"Tira a América de lá".

Molhado inda do dilúvio,
Qual Tritão descomunal,
O continente desperta
No concerto universal.
Dos oceanos em tropa
Um – traz-lhe as artes da Europa,
Outro – as bagas de Ceilão...
E os Andes petrificados,
Como braços levantados,
Lhe apontam para a amplidão.

Olhando em torno então brada:
"Tudo marcha!... ó grande Deus!
As cataratas – p'ra terra,
As estrelas – para os céus
Lá, do polo sobre as plagas,
O seu rebanho de vagas
Vai o mar apascentar...
Eu quero marchar com os ventos,
Com os mundos... co'os firmamentos!!!"
E Deus responde – "Marchar!"

"Marchar!... Mas como?... Da Grécia
Nos dóricos Partenons

A mil deuses levantando
Mil marmóreos Panteons?...
Marchar co'a espada de Roma
– Leoa de ruiva coma
De presa enorme no chão,
Saciando o ódio profundo...
– Com as garras nas mãos do mundo,
– Com os dentes no coração?...

"Marchar!... Mas como a Alemanha
Na tirania feudal,
Levantando uma montanha
Em cada uma catedral?...
Não!... Nem templos feitos de ossos,
Nem gládios a cavar fossos
São degraus do progredir...
Lá brada César morrendo:
"No pugilato tremendo
"Quem sempre vence é o porvir!"

Filhos do sec'lo das luzes!
Filhos da *Grande nação*!
Quando ante Deus vos mostrardes,
Tereis um livro na mão:
O livro – esse audaz guerreiro
Que conquista o mundo inteiro
Sem nunca ter Waterloo...
Éolo de pensamentos,
Que abrira a gruta dos ventos
Donde a Igualdade voou!...

Por uma fatalidade
Dessas que descem de além,
O sec'lo, que viu Colombo,
Viu Guttenberg também.
Quando no tosco estaleiro
Da Alemanha o velho obreiro
A ave da imprensa gerou...

O Genovês salta os mares...
Busca um ninho entre os palmares
E a *pátria da imprensa* achou...

Por isso na impaciência
Desta sede de saber,
Como as aves do deserto –
As almas buscam beber...
Oh! Bendito o que semeia
Livros... livros à mão cheia...
E manda o povo pensar!
O livro caindo n'alma
É germe – que faz a palma,
É chuva – que faz o mar.

Vós, que o templo das ideias
Largo – abris às multidões,
P'ra o batismo luminoso
Das grandes revoluções,
Agora que o trem de ferro
Acorda o tigre no cerro
E espanta os caboclos nus,
Fazei desse "rei dos ventos"
– Ginete dos pensamentos,
– Arauto da grande luz!...

Bravo! a quem salva o futuro
Fecundando a multidão!...
Num poema amortalhada
Nunca morre uma nação.
Como Goethe moribundo
Brada "Luz!" o Novo Mundo
Num brado de Briaréu...
Luz! pois, no vale e na serra...
Que, se a luz rola na terra,
Deus colhe gênios no céu!...

Bahia.

HEBREIA

Flos campi et lilium convallium.
(Cântico dos Cânticos)

Pomba d'esp'rança sobre um mar d'escolhos!
Lírio do vale oriental, brilhante!
Estrela vésper do pastor errante!
Ramo de murta a recender cheirosa!...

Tu és, ó filha de Israel formosa...
Tu és, ó linda, sedutora Hebreia...
Pálida rosa da infeliz Judeia
Sem ter o orvalho, que do céu deriva!

Por que descoras, quando a tarde esquiva
Mira-se triste sobre o azul das vagas?
Serão saudades das infindas plagas,
Onde a oliveira no Jordão se inclina?

Sonhas acaso, quando o sol declina.
A terra santa do Oriente imenso?
E as caravanas no deserto extenso?
E os pegureiros da palmeira à sombra?!...

Sim, fora belo na relvosa alfombra,
Junto da fonte, onde Raquel gemera,
Viver contigo qual Jacó vivera
Guiando escravo teu feliz rebanho...

Depois nas águas de cheiroso banho
– Como Susana a estremecer de frio –
Fitar-te, ó flor do babilônio rio,
Fitar-te a medo no salgueiro oculto...

Vem pois!... Contigo no deserto inculto
Fugindo às iras de Saul embora,

Davi eu fora, – se Micol tu foras,
Vibrando na harpa do profeta o canto...

Não vês?... Do seio me goteja o pranto
Qual da torrente do Cédron deserto!...
Como lutara o patriarca incerto
Lutei, meu anjo, mas caí vencido.

Eu sou o lótus para o chão pendido.
Vem ser o orvalho oriental, brilhante!...
Ai! guia o passo ao viajor perdido
Estrela vésper do pastor errante!...

Bahia, 1866.

QUEM DÁ AOS POBRES, EMPRESTA A DEUS*

EU, QUE A POBREZA de meus pobres cantos
Dei aos heróis – aos miseráveis grandes –,
Eu, que sou cego, – mas só peço luzes...
Que sou pequeno, – mas só fito os Andes...,
Canto nest'hora, como o bardo antigo
Das priscas eras, que bem longe vão,
O grande NADA dos heróis, que dormem
Do vasto pampa no funéreo chão...

Duas grandezas neste instante cruzam-se!
Duas realezas hoje aqui se abraçam!...
Uma – é um livro laureado em luzes...
Outra – uma espada, onde os lauréis se enlaçam.
Nem cora o livro de ombrear co'o sabre...
Nem cora o sabre de chamá-lo irmão...
Quando em loureiros se biparte o gládio
Do vasto pampa no funéreo chão.

E foram grandes teus heróis, ó pátria,
– Mulher fecunda, que não cria escravos –,
Que ao trom da guerra soluçaste aos filhos:
"Parti – soldados, mas voltai-me – bravos!"
E qual Moema desgrenhada, altiva,
Eis tua prole, que se arroja então,
De um mar de glórias apartando as vagas
Do vasto pampa no funéreo chão.

E esses Leandros do Helesponto novo
Se resvalaram – foi no chão da história...

---

* Ao Gabinete Português de Leitura, por ocasião de oferecer o produto de um benefício às famílias dos soldados mortos na guerra.

Se tropeçaram – foi na eternidade...
Se naufragaram – foi no mar da glória...
E hoje o que resta dos heróis gigantes?...
Aqui – os filhos que vos pedem pão...
Além – a ossada, que branqueia a lua,
Do vasto pampa no funéreo chão.

Ai! quantas vezes a criança loura
Seu pai procura pequenina e nua,
E vai, brincando co'o vetusto sabre,
Sentar-se à espera no portal da rua...
Mísera mãe, sobre teu peito aquece
Esta avezinha, que não tem mais pão!...
Seu pai descansa – fulminado cedro –
Do vasto pampa no funéreo chão.

Mas, já que as águias lá no sul tombaram
E os filhos d'águias o Poder esquece...
É grande, é nobre, é gigantesco, é santo!...
Lançai – a esmola, e colhereis – a prece!...
Oh! dai a esmola... que, do infante lindo
Por entre os dedos da pequena mão,
Ela transborda... e vai cair nas tumbas
Do vasto pampa no funéreo chão.

Há duas cousas neste mundo santas:
– O rir do infante, – o descansar do morto...
O berço – é a barca, que encalhou na vida,
A cova – é a barca do sidéreo porto...
E vós dissestes para o berço – Avante! –
Enquanto os nautas, que ao Eterno vão,
Os ossos deixam, qual na praia as âncoras,
Do vasto pampa no funéreo chão.

É santo o laço, em qu'hoje aqui s'estreitam
De heroicos troncos – os rebentos novos –!
É que são gêmeos dos heróis os filhos,

Inda que filhos de diversos povos!
Sim! me parece que nest'hora augusta
Os mortos saltam da feral mansão...
E um "bravo!" altivo de além-mar partindo
Rola do pampa no funéreo chão!...

S. Salvador, 31 de outubro de 1867.

O LAÇO DE FITA

NÃO SABES, criança? 'Stou louco de amores...
Prendi meus afetos, formosa Pepita.
Mas onde? No templo, no espaço, nas névoas?!
Não rias, prendi-me
Num laço de fita.

Na selva sombria de tuas madeixas,
Nos negros cabelos da moça bonita,
Fingindo a serpente qu'enlaça a folhagem,
Formoso enroscava-se
O laço de fita.

Meu ser, que voava nas luzes da festa,
Qual pássaro bravo, que os ares agita,
Eu vi de repente cativo, submisso
Rolar prisioneiro
Num laço de fita.

E agora enleada na tênue cadeia
Debalde minh'alma se embate, se irrita...
O braço, que rompe cadeias de ferro,
Não quebra teus elos,
Ó laço de fita!

Meu Deus! As falenas têm asas de opala,
Os astros se libram na plaga infinita.
Os anjos repousam nas penas brilhantes...
Mas tu... tens por asas
Um laço de fita.

Há pouco voavas na célere valsa,
Na valsa que anseia, que estua e palpita.

Por que é que tremeste? Não eram meus lábios...
Beijava-te apenas...
Teu laço de fita.

Mas ai! findo o baile, despindo os adornos
N'alcova onde a vela ciosa... crepita,
Talvez da cadeia libertes as tranças
Mas eu... fico preso
No laço de fita.

Pois bem! Quando um dia na sombra do vale
Abrirem-me a cova... formosa Pepita!
Ao menos arranca meus louros da fronte,
E dá-me por c'roa...
Teu laço de fita.

S. Paulo, julho de 1868.

AHASVERUS E O GÊNIO

AO POETA E AMIGO J. FELIZARDO JÚNIOR

SABES QUEM foi Ahasverus?... – o precito,
O mísero Judeu, que tinha escrito
Na fronte o selo atroz!
Eterno viajor de eterna senda...
Espantado a fugir de tenda em tenda,
Fugindo embalde à *vingadora voz*!

Misérrimo! Correu o mundo inteiro,
E no mundo tão grande... o forasteiro
Não teve onde... pousar.
Co'a mão vazia – viu a terra cheia.
O deserto negou-lhe – o grão de areia,
A gota d'água – rejeitou-lhe o mar.

D'Ásia as florestas – lhe negaram sombra
A savana sem fim – negou-lhe alfombra.
O chão negou-lhe o pó!...
Tabas, serralhos, tendas e solares...
Ninguém lhe abriu a porta de seus lares
E o triste seguiu só.

Viu povos de mil climas, viu mil raças,
E não pôde entre tantas populaças
Beijar uma só mão...
Desde a virgem do Norte à de Sevilhas
Desde a inglesa à crioula das Antilhas
Não teve um coração!...

E caminhou!... E as tribos se afastavam
E as mulheres tremendo murmuravam
Com respeito e pavor.
Ai! Fazia tremer do vale à serra...

Ele que só pedia sobre a terra
 – Silêncio, paz e amor! –

No entanto à noite, se o Hebreu passava,
Um murmúrio de inveja se elevava,
Desde a flor da campina ao colibri.
"Ele não morre", a multidão dizia...
E o precito consigo respondia:
 – "Ai! mas nunca vivi!" –

O Gênio é como Ahasverus... solitário
A marchar, a marchar no itinerário
 Sem termo do existir.
Invejado! a invejar os invejosos.
Vendo a sombra dos álamos frondosos...
E sempre a caminhar... sempre a seguir...

Pede u'a mão de amigo – dão-lhe palmas:
Pede um beijo de amor – e as outras almas
 Fogem pasmas de si.
E o mísero de glória em glória corre...
Mas quando a terra diz: – "Ele não morre"
Responde o desgraçado: – "Eu não vivi!..."

S. Paulo, outubro de 1868.

MOCIDADE E MORTE

E perto avisto o porto
Imenso, nebuloso, e sempre noite
Chamado – Eternidade. –

LAURINDO.

Lasciate ogni speranza, voi ch'entrate.

DANTE.

OH! EU QUERO viver, beber perfumes
Na flor silvestre, que embalsama os ares;
Ver minh'alma adejar pelo infinito,
Qual branca vela n'amplidão dos mares.
No seio da mulher há tanto aroma...
Nos seus beijos de fogo há tanta vida...
– Árabe errante, vou dormir à tarde
À sombra fresca da palmeira erguida.

Mas uma voz responde-me sombria:
Terás o sono sob a lájea fria.

Morrer... quando este mundo é um paraíso
E a alma um cisne de douradas plumas:
Não! o seio da amante é um lago virgem...
Quero boiar à tona das espumas.
Vem! formosa mulher – camélia pálida,
Que banharam de pranto as alvoradas.
Minh'alma é a borboleta, que espaneja
O pó das asas lúcidas, douradas...

E a mesma voz repete-me terrível,
Com gargalhar sarcástico: – impossível!

Eu sinto em mim o borbulhar do gênio.
Vejo além um futuro radiante:
Avante! – brada-me o talento n'alma

E o eco ao longe me repete – avante! –
O futuro... o futuro... no seu seio...
Entre louros e bênçãos dorme a glória!
Após – um nome do universo n'alma,
Um nome escrito no Panteon da história.

E a mesma voz repete funerária: –
Teu Panteon – a pedra mortuária!

Morrer – é ver extinto dentre as névoas
O fanal, que nos guia na tormenta:
Condenado – escutar dobres de sino,
– Voz da morte, que a morte lhe lamenta –
Ai! morrer – é trocar astros por círios,
Leito macio por esquife imundo,
Trocar os beijos da mulher – no visco
Da larva errante no sepulcro fundo.

Ver tudo findo... só na lousa um nome,
Que o viandante a perpassar consome.

E eu sei que vou morrer... dentro em meu peito
Um mal terrível me devora a vida:
Triste Ahasverus, que no fim da estrada,
Só tem por braços uma cruz erguida.
Sou o cipreste, qu'inda mesmo flórido,
Sombra de morte no ramal encerra!
Vivo – que vaga sobre o chão da morte,
Morto – entre os vivos a vagar na terra.

Do sepulcro escutando triste grito
Sempre, sempre bradando-me: maldito! –

E eu morro, ó Deus! na aurora da existência,
Quando a sede e o desejo em nós palpita...
Levei aos lábios o dourado pomo,
Mordi no fruto podre do Asfaltita.

No triclínio da vida – novo Tântalo –
O vinho do viver ante mim passa...
Sou dos convivas da legenda Hebraica,
O 'stilete de Deus quebra-me a taça.

É que até minha sombra é inexorável
Morrer! morrer! soluça-me implacável.

Adeus, pálida amante dos meus sonhos!
Adeus, vida! Adeus, glória! amor! anelos!
Escuta, minha irmã, cuidosa enxuga
Os prantos de meu pai nos teus cabelos.
Fora louco esperar! fria rajada
Sinto que do viver me extingue a lampa...
Resta-me agora por futuro – a terra
Por glória – nada, por amor – a campa.

Adeus! arrasta-me uma voz sombria
Já me foge a razão na noite fria!...

1864.

AO DOUS DE JULHO
(Recitada no Teatro S. João)

É A HORA das epopeias,
Das Ilíadas reais.
Ruge o vento – do passado
Pelos mares sepulcrais.
É a hora, em que a Eternidade
Dialoga a Imortalidade...
Fala o herói com Jeová!...
E Deus – nas celestes plagas –
Colhe da glória nas vagas
Os mortos de Pirajá.

Há destes dias augustos
Na tumba dos Briaréus.
Como que Deus baixa à terra
Sem mesmo descer dos céus.
É que essas lousas rasteiras
São – gigantes cordilheiras
Do Senhor aos olhos nus.
É que essas brancas ossadas
São – colunas arrojadas
Dos infinitos azuis.

Sim! Quando o tempo entre os dedos
Quebra um sec'lo, uma nação...
Encontra nomes tão grandes,
Que não lhe cabem na mão!...
Heróis! Como o cedro augusto
Campeia rijo e vetusto
Dos séculos ao perpassar,
Vós sois os cedros da História,
A cuja sombra de glória
Vai-se o Brasil abrigar.

E nós, que somos faíscas
Da luz desses arrebóis,
Nós, que somos borboletas
– Das crisálidas de avós,
Nós, que entre as bagas dos cantos,
Por entre as gotas dos prantos
Inda os sabemos chorar,
Podemos dizer: "Das campas
Sacudi as frias tampas!
Vinde a Pátria abençoar!..."

Erguei-vos, santos fantasmas!
Vós não tendes que corar...
(Porque eu sei que o filho torpe
Faz o morto soluçar...)
Gemem as sombras dos Gracos,
Dos Catões, dos Espartacos
Vendo seus filhos tão vis...
Dize-o tu, soberbo Mário!
Tu, que ensopas o sudário
Vendo Roma – meretriz!...

Ai! Que lágrimas candentes
Choram órbitas sem luz! –
Que ideia terá Leônidas
Vendo Esparta nos pauis?!...
Alta noite, quando pena
Sobre Árcole, sobre Iena,
Bonaparte – o rei dos reis –
Que dor d'alma lhe rebenta,
Ao ver su'águia sangrenta
No sabre de Juarez!?...

Porém aqui não há grito,
Nem pranto, nem ai, nem dor...
O presente não desmente
Do seu ninho de condor...

Mãos, que, outrora de crianças
A rir – dentaram as lanças
Dos velhos de Pirajá....
De homens hoje, as empunhando,
Nas batalhas afiando
Vão caminho de Humaitá!...

Basta!... Curvai-vos, ó povo!...
Ei-los os vultos sem par,
Só de joelhos podemos
Nest'hora augusta fitar
Riachuelo e Cabrito,
Que sobem para o infinito
Como jungidos leões,
Puxando os carros dourados
Dos meteoros largados
Sobre a noite das nações.

Bahia – 1867.

OS TRÊS AMORES

I

MINH'ALMA é como a fronte sonhadora
Do louco bardo, que Ferrara chora...
Sou Tasso!... a primavera de teus risos
De minha vida as solidões enflora...
Longe de ti eu bebo os teus perfumes,
Sigo na terra de teu passo os lumes...
 – Tu és Eleonora...

II

Meu coração desmaia pensativo,
Cismando em tua rosa predileta.
Sou teu pálido amante vaporoso,
Sou teu Romeu... teu lânguido poeta!...
Sonho-te às vezes virgem... seminua...
Roubo-te um casto beijo à luz da lua...
 – E tu és Julieta...

III

Na volúpia das noites andaluzas
O sangue ardente em minhas veias rola...
Sou D. Juan!... Donzelas amorosas,
Vós conheceis-me os trenos na viola!
Sobre o leito do amor teu seio brilha...
Eu morro, se desfaço-te a mantilha...
 Tu és – Júlia, a Espanhola!...

Recife, setembro de 1866.

O FANTASMA E A CANÇÃO

> Orgulho! desce os olhos dos céus sobre ti mesmo, e vê como os nomes mais poderosos vão se refugiar numa canção.
>
> BYRON.

– QUEM BATE? – "A noite é sombria!"
– Quem bate? – "É rijo o tufão!...
Não ouvis? a ventania
Ladra à lua como um cão."
– Quem bate? – "O nome qu'importa?
Chamo-me dor... abre a porta!
Chamo-me frio... abre o lar!
Dá-me pão... chamo-me fome!
Necessidade é o meu nome!"
– Mendigo! podes passar!

"Mulher, se eu falar, prometes
A porta abrir-me?" – Talvez.
– "Olha... Nas cãs deste velho
Verás fanados lauréis.
Há no meu crânio enrugado
O fundo sulco traçado
Pela c'roa imperial.
Foragido, errante espectro,
Meu cajado – já foi cetro!
Meus trapos – manto real!"

– Senhor, minha casa é pobre...
Ide bater a um solar!
– "De lá venho... O Rei-fantasma
Baniram do próprio lar.
Nas largas escadarias,
Nas vetustas galerias,

Os pajens e as cortesãs
Cantavam!... Reinava a orgia!...
Festa! Festa! E ninguém via
O Rei coberto de cãs!"

– Fantasmas! Aos grandes, que tombam,
É palácio o mausoléu!
– "Silêncio! De longe eu venho...
Também meu túmulo morreu.
O séc'lo – traça que medra
Nos livros feitos de pedra –
Rói o mármore, cruel.
O tempo – Átila terrível
Quebra co'a pata invisível
Sarcófago e capitel.

"Desgraça então para o espectro,
Quer seja Homero ou Solon,
Se, medindo a treva imensa,
Vai bater ao Panteon...
O motim – Nero profano –
No ventre da cova insano
Mergulha os dedos cruéis.
Da guerra nos paroxismos
Se abismam mesmo os abismos
E o morto morre outra vez!

"Então, nas sombras infindas,
S'esbarram em confusão
Os fantasmas sem abrigo
Nem no espaço, nem no chão...
As almas angustiadas,
Como águias desaninhadas,
Gemendo voam no ar.
E enchem de vagos lamentos
As vagas negras dos ventos,
Os ventos do negro mar!

"Bati a todas as portas
Nem uma só me acolheu!..."
– "Entra! – Uma voz argentina
Dentro do lar respondeu.
– "Entra, pois! Sombra exilada,
Entra! O verso – é uma pousada
Aos reis que perdidos vão.
A estrofe – é a púrpura extrema,
Último trono – é o poema!
Último asilo – a *Canção!...*"

Bahia, 13 de dezembro de 1869.

O GONDOLEIRO DO AMOR

Barcarola

DAMA NEGRA

Teus olhos são negros, negros,
Como as noites sem luar...
São ardentes, são profundos,
Como o negrume do mar;

Sobre o barco dos amores,
Da vida boiando à flor,
Douram teus olhos a fronte
Do Gondoleiro do amor.

Tua voz é cavatina
Dos palácios de Sorrento,
Quando a praia beija a vaga,
Quando a vaga beija o vento.

E como em noites de Itália
Ama um canto o pescador,
Bebe a harmonia em teus cantos
O Gondoleiro do amor.

Teu sorriso é uma aurora
Que o horizonte enrubesceu,
– Rosa aberta com o biquinho
Das aves rubras do céu;

Nas tempestades da vida
Das rajadas no furor,
Foi-se a noite, tem auroras
O Gondoleiro do amor.

Teu seio é vaga dourada
Ao tíbio clarão da lua,
Que, ao murmúrio das volúpias,
Arqueja, palpita nua;

Como é doce, em pensamento,
Do teu colo no languor
Vogar, naufragar, perder-se
O Gondoleiro do amor!?

Teu amor na treva é – um astro,
No silêncio uma canção,
É brisa – nas calmarias,
É abrigo – no tufão;

Por isso eu te amo, querida,
Quer no prazer, quer na dor...
Rosa! Canto! Sombra! Estrela!
Do Gondoleiro do amor.

Recife, janeiro de 1867.

SUB TEGMINE FAGI

A Melo Morais

Dieu parle dans le calme plus haut que dans la tempête.

Mickiewikcz

Deus nobis haec otia fecit.

Virgílio

Amigo! O campo é o ninho do poeta...
Deus fala, quando a turba está quieta,
Às campinas em flor.
– Noivo – Ele espera que os convivas saiam...
E n'alcova onde as lâmpadas desmaiam
Então murmura – amor –

Vem comigo cismar risonho e grave...
A poesia – é uma luz... e a alma – uma ave...
Querem – trevas e ar.
A andorinha, que é a alma – pede o campo.
A poesia quer sombra – é o pirilampo...
P'ra voar... p'ra brilhar.

Meu Deus! Quanta beleza nessas trilhas...
Que perfume nas doces maravilhas,
Onde o vento gemeu!...
Que flores d'ouro pelas veigas belas!
...Foi um anjo co'a mão cheia de estrelas
Que na terra as perdeu.

Aqui o éter puro se adelgaça...
Não sobe esta blasfêmia de fumaça
Das cidades p'ra o céu.
E a Terra é como o inseto friorento
Dentro da flor azul do firmamento,
Cujo cálix pendeu!...

Qual no fluxo e refluxo, o mar em vagas
Leva a concha dourada... e traz das plagas
Corais em turbilhão,
A mente leva a prece a Deus – por pérolas
E traz, volvendo após das praias cérulas
– Um brilhante – o perdão!

A alma fica melhor no descampado...
O pensamento indômito, arrojado
Galopa no sertão,
Qual nos estepes o corcel fogoso
Relincha e parte turbulento, estoso,
Solta a crina ao tufão.

Vem! Nós iremos na floresta densa,
Onde na arcada gótica e suspensa
Reza o vento feral.
Enorme sombra cai da enorme rama...
É o *Pagode* fantástico de Brama
Ou velha catedral.

Irei contigo pelos ermos – lento –
Cismando, ao pôr do sol, num pensamento
Do nosso velho Hugo.
– Mestre do mundo! Sol da eternidade!...
Para ter por planeta a humanidade,
Deus num *cerro* o *fixou.*

Ao longe, na quebrada da colina,
Enlaça a trepadeira purpurina
O negro mangueiral!...
Como no *Dante* a pálida *Francesca*
Mostra o sorriso rubro e a face fresca
Na estrofe sepulcral.

O povo das formosas amarílis
Embala-se nas balsas, como as Willis
Que o *Norte* imaginou.
O antro – fala... o ninho s'estremece...

A dríade entre as folhas aparece...
Pã na flauta soprou!...

Mundo estranho e bizarro da quimera,
A fantasia desvairada gera
Um paganismo aqui.
Melhor eu compreendo então Virgílio...
E vendo os Faunos lhe dançar no idílio,
Murmuro crente: – eu vi! –

Quando penetro na floresta triste,
Qual pela ogiva gótica o antiste,
Que procura o Senhor,
Como bebem as aves peregrinas
Nas ânforas de orvalho das boninas,
Eu bebo crença e amor!...

E à tarde, quando o sol – condor sangrento –,
No ocidente se aninha sonolento,
Como a abelha na flor...
E a luz da estrela trêmula se irmana
Co'a fogueira noturna da cabana,
Que acendera o pastor,

A lua – traz um raio para os mares...
A abelha – traz o mel... um treno aos lares
Traz a rola a carpir...
Também deixa o poeta a selva escura
E traz alguma estrofe, que fulgura,
P'ra legar ao porvir!...

Vem! Do mundo leremos o problema
Nas folhas da floresta, ou do poema,
Nas trevas ou na luz...
Não vês?... Do céu a cúpula azulada,
Como uma taça sobre nós voltada,
Lança a poesia a flux!...

Boa Vista, 1867.

AS TRÊS IRMÃS DO POETA

(Traduzido de E. Berthoud)

É noite! as sombras correm nebulosas.
Vão três pálidas virgens silenciosas
Através da procela irrequieta.
Vão três pálidas virgens... vão sombrias
Rindo colar num beijo as bocas frias...

Na fronte cismadora do – Poeta –

"Saúde, irmão! Eu sou a *Indiferença.*
Sou eu quem te sepulta a ideia imensa,
Quem no teu nome a escuridão projeta...
Fui eu que te vesti do meu sudário...
Que vais fazer tão triste e solitário?..."

– "Eu lutarei!" – responde-lhe o Poeta.

"Saúde, meu irmão! Eu sou a *Fome.*
Sou eu quem o teu negro pão consome...
O teu mísero pão, mísero atleta!
Hoje, amanhã, depois... depois (qu'importa?)
Virei sempre sentar-me à tua porta..."

– "Eu sofrerei" – responde-lhe o Poeta.

"Saúde, meu irmão! Eu sou a *Morte.*
Suspende em meio o hino augusto e forte.
Marquei-te a fronte, mísero profeta!
Volve ao nada! Não sentes neste enleio
Teu cântico gelar-se no meu seio?!"

"Eu cantarei no céu" – diz-lhe o Poeta!

S. Paulo, 25 de agosto de 1868.

O VOO DO GÊNIO

À ATRIZ EUGÊNIA CÂMARA

UM DIA, em que na terra a sós vagava
Pela estrada sombria da existência,
Sem rosas – nos vergéis da adolescência,
Sem luz d'estrela – pelo céu do amor;
Senti as asas de um arcanjo errante
Roçar-me brandamente pela fronte,
Como o cisne, que adeja sobre a fonte,
Às vezes toca a solitária flor.

E disse então: "Quem és, pálido arcanjo!
Tu, que o poeta vens erguer do pego?
Eras acaso tu, que Milton cego
Ouvia em sua noite erma de sol?
Quem és tu? Quem és tu?" – "Eu sou o gênio",
Disse-me o anjo "vem seguir-me o passo,
Quero contigo me arrojar no espaço,
Onde tenho por c'roas o arrebol".

"Onde me levas, pois?..." – "Longe te levo
Ao país do ideal, terra das flores,
Onde a brisa do céu tem mais amores
E a fantasia – lagos mais azuis..."
E fui... e fui... ergui-me no infinito,
Lá onde o voo d'águia não se eleva...
Abaixo – via a terra – abismo em treva!
Acima – o firmamento – abismo em luz!

"Arcanjo! arcanjo! que ridente sonho!"
– "Não, poeta, é o vedado paraíso,
Onde os lírios mimosos do sorriso
Eu abro em todo o seio, que chorou,
Onde a loura comédia canta alegre

Onde eu tenho o condão de um gênio infindo,
Que a sombra de Molière vem sorrindo
Beijar na fronte, que o Senhor beijou..."

"Onde me levas mais, anjo divino?"
– "Vem ouvir, sobre as harpas inspiradas,
O canto das esferas namoradas,
Quando eu encho de amor o azul dos céus.
Quero levar-te das paixões nos mares.
Quero levar-te a dédalos profundos,
Onde refervem sóis... e céus... e mundos...
Mais sóis... mais mundos, e onde tudo é meu..."

"Mulher! mulher! Aqui tudo é volúpia:
A brisa morna, a sombra do arvoredo,
A linfa clara, que murmura a medo,
A luz que abraça a flor e o céu ao mar.
Ó princesa, a razão já se me perde,
És a sereia da encantada Sila.
Anjo, que transformaste-te em Dalila,
Sansão de novo te quisera amar!

"Porém não paras neste voo errante!
A que outros mundos elevar-me tentas?
Já não sinto o soprar de auras sedentas,
Nem bebo a taça de um fogoso amor.
Sinto que rolo em báratros profundos...
Já não tens asas, águia da Tessália,
Maldições sobre ti... tu és Onfália,
Ninguém te ergue das trevas e do horror.

"Porém silêncio! No maldito abismo,
Onde caí contigo criminosa,
Canta uma voz, sentida e maviosa,
Que arrependida sobe a Jeová!
Perdão! Perdão! Senhor, p'ra quem soluço,
Talvez seja algum anjo peregrino...

...Mas não! inda eras tu, gênio divino,
Também sabes chorar, como Eloá!

"Não mais, ó serafim! suspende as asas!
Que, através das estrelas arrastado,
Meu ser arqueja louco, deslumbrado,
Sobre as constelações e os céus azuis.
Arcanjo! Arcanjo! basta... já contigo
Mergulhei das paixões nas vagas cérulas...
Mas nos meus dedos – já não cabem – pérolas –
Mas na minh'alma – já não cabe – luz!..."

Recife, maio de 1866.

O "ADEUS" DE TERESA

A VEZ PRIMEIRA que eu fitei Teresa,
Como as plantas que arrasta a correnteza,
A valsa nos levou nos giros seus...
E amamos juntos... E depois na sala
"Adeus" eu disse-lhe a tremer co'a fala...

E ela, corando, murmurou-me: "adeus".

Uma noite... entreabriu-se um reposteiro...
E da alcova saía um cavaleiro
Inda beijando uma mulher sem véus...
Era eu... Era a pálida Teresa!
"Adeus" lhe disse conservando-a presa...

E ela entre beijos murmurou-me: "adeus!"

Passaram tempos... sec'los de delírio
Prazeres divinais... gozos do Empíreo...
...Mas um dia volvi aos lares meus.
Partindo eu disse – "Voltarei!... descansa!..."
Ela, chorando mais que uma criança,

Ela em soluços murmurou-me: "adeus! "

Quando voltei... era o palácio em festa!...
E a voz d'*Ela* e de um homem lá na orquesta
Preenchiam de amor o azul dos céus.
Entrei!... Ela me olhou branca... surpresa!
Foi a última vez que eu vi Teresa!...

E ela arquejando murmurou-me: "adeus!"

S. Paulo, 28 de agosto de 1868.

A VOLTA DA PRIMAVERA

Aime, et tu renaîtras; fais-toi fleur pour éclore,
Après avoir souffert, il faut souffrir encore;
il faut aimer sans cesse, après avoir aimé.

A. DE MUSSET

AI! NÃO MALDIGAS minha fronte pálida,
E o peito gasto ao referver de amores.
Vegetam louros – na caveira esquálida
E a sepultura se reveste em flores.

Bem sei que um dia o vendaval da sorte
Do mar lançou-me na gelada areia.
Serei... que importa? o D. Juan da morte
Dá-me o teu seio – e tu serás Haideia!

Pousa esta mão – nos meus cabelos úmidos!...
Ensina à brisa ondulações suaves!
Dá-me um abrigo nos teus seios túmidos!
Fala!... que eu ouço o pipilar das aves!

Já viste às vezes, quando o sol de maio
Inunda o vale, o matagal e a veiga?
Murmura a relva: "Que suave raio!"
Responde o ramo: "Como a luz é meiga!"

E, ao doce influxo do clarão do dia,
O junco exausto, que cedera à enchente,
Levanta a fronte da lagoa fria...
Mergulha a fronte na lagoa ardente...

Se a natureza apaixonada acorda
Ao quente afago do celeste amante,
Diz!... Quando em fogo o teu olhar transborda,
Não vês minh'alma reviver ovante?

É que teu riso me penetra n'alma –
Como a harmonia de uma orquestra santa –
É que teu riso tanta dor acalma...
Tanta descrença!... Tanta angústia!... Tanta!

Que eu digo ao ver tua celeste fronte:
"O céu consola toda dor que existe.
Deus fez a neve – para o negro monte!
Deus fez a virgem – para o bardo triste!"

Rio de Janeiro, junho de 1869.

A MACIEL PINHEIRO

Dieu soit en aide au pleux pèlerin.
BOUCHARD

PARTES, AMIGO, do teu antro de águias,
Onde gerava um pensamento enorme,
Tingindo as asas no levante rubro,
Quando nos vales inda a sombra dorme...
Na fronte vasta, como um céu de ideias,
Aonde os astros surgem mais e mais...
Quiseste a luz das boreais auroras...
Deus acompanhe o peregrino audaz.

Verás a terra da infeliz Moema,
Bem como a Vênus se elevar das vagas;
Das serenatas ao luar dormida,
Que o mar murmura nas douradas plagas.
Terra de glórias, de canções e brios,
Esparta, Atenas, que não tem rivais...
Que, à voz da pátria, deixa a lira e ruge...
Deus acompanhe o peregrino audaz.

E quando o barco atravessar os mares
Quais pandas asas, desfraldando a vela
Há de surgir-t'esse *gigante imenso,*
Que sobre os morros campeando vela...
Símb'lo de pedra, que o cinzel dos raios
Talhou nos montes, que se alteiam mais...
Atlas com a forma do gigante povo...
Deus acompanhe o peregrino audaz.

Vai nas planícies dos infindos pampas
Erguer a tenda do soldado vate...
Livre... bem livre a Marselhesa aos ecos
Soltar bramindo no feroz combate...

E após do fumo das batalhas tinto
Canta essa terra, canta os seus *gerais,*
Onde os gaúchos sobre as éguas voam...
Deus acompanhe o peregrino audaz.

E nesse lago de poesia virgem,
Quando boiares nas sutis espumas,
Sacode estrofes, qual do rio a garça
Pérolas soltas das brilhantes plumas.
Pálido moço – como o bardo errante –
Teu barco voa na amplidão fugaz.
A nova Grécia quer um Byron novo...
Deus acompanhe o peregrino audaz.

E eu, cujo peito como u'a harpa homérica
Ruge estridente do que é grande ao sopro,
Saúdo o artista, que ao talhar a glória,
Pega da espada, sem deixar o escopro.
Da caravana guarda a areia a pegada:
No chão da história o passo teu verás...
Deus, que o Mazeppa nos estepes guia...
Deus acompanhe o peregrino audaz.

Recife, 1865.

A UMA TAÇA FEITA DE UM CRÂNIO HUMANO

(Traduzido de Byron)

"Não recues! De mim não foi-se o espírito...
Em mim verás – pobre caveira fria –
Único crânio que, ao invés dos vivos,
Só derrama alegria.

Vivi! amei! bebi qual tu: Na morte
Arrancaram da terra os ossos meus.
Não me insultes! empina-me!... que a *larva*
Tem beijos mais sombrios do que os teus.

Mais val guardar o sumo da parreira
Do que ao verme do chão ser pasto vil;
– Taça – levar dos Deuses a bebida,
Que o pasto do réptil.

Que este vaso, onde o espírito brilhava,
Vá nos outros o espírito acender.
Ai! Quando um crânio já não tem mais cérebro...
...Podeis de vinho o encher!

Bebe, enquanto inda é tempo! Uma outra raça,
Quando tu e os teus fordes nos fossos,
Pode do abraço te livrar da terra,
E ébria folgando profanar teus ossos.

E por que não? Se no correr da vida
Tanto mal, tanta dor aí repousa?
É bom fugindo à podridão do lodo
Servir na morte enfim p'ra alguma coisa!..."

Bahia, 15 de dezembro de 1869.

PEDRO IVO

Sonhava nesta geração bastarda
Glórias e liberdade!...
....
Era um leão sangrento, que rugia,
Da glória nos clarins se embriagava,
E vossa gente pálida recuava,
Quando ele aparecia.
ÁLVARES DE AZEVEDO

I

REBRAMAM os ventos... Da negra tormenta
Nos montes de nuvens galopa o corcel...
Relincha – troveja... galgando no espaço
Mil raios desperta co'as patas revel.

É noite de horrores... nas grunas celestes,
Nas naves etéreas o vento gemeu...
E os astros fugiram, qual bando de garças
Das águas revoltas do lago do céu.

E a terra é medonha... As árvores nuas
Espectros semelham fincados de pé,
Com os braços de múmias, que os ventos retorcem,
Tremendo a esse grito, que estranho lhes é.

Desperta o infinito... Co'a boca entreaberta
Respira a borrasca do largo pulmão.
Ao longe o oceano sacode as espáduas
– Encélado novo calcado no chão.

É noite de horrores... Por ínvio caminho
Um vulto sombrio sozinho passou,
Co'a noite no peito, co'a noite no busto

Subiu pelo monte, – nas cimas parou.
Cabelos esparsos ao sopro dos ventos,
Olhar desvairado, sinistro, fatal,
Diríeis estátua roçando nas nuvens,
P'ra qual a montanha se fez pedestal.

Rugia a procela – nem ele escutava!...
Mil raios choviam – nem ele os fitou!
Com a destra apontando bem longe a cidade,
Após largo tempo sombrio falou!...

....

II

Dorme, cidade maldita,
Teu sono de escravidão!...
Dorme, vestal da pureza,
Sobre os coxins do *Sultão!...*
Dorme, filha da Geórgia,
Prostituta em negra órgia
Sê hoje Lucrécia Bórgia
Da desonra no balcão!...

Dormir?!... Não! Que a infame grita
Lá se alevanta fatal...
Corre o champagne e a desonra
Na orgia descomunal...
Na fronte já tens um laço...
Cadeias de ouro no braço,
De pérolas um baraço,
– Adornos da saturnal!

Louca!... Nem sabes que as luzes,
Que acendeu p'ra as saturnais,
São do enterro de seus brios
Tristes círios funerais...
Que o seu grito de alegria

É o estertor da agonia,
A que responde a ironia
Do riso de Satanás!...

Morreste... E ao teu saimento
Dobra a procela no céu.
E os astros – olhar dos mortos –
A mão da noite escondeu.
Vê!... Do raio mostra a lampa
Mão de espectro, que destampa
Com dedos de ossos a campa,
Onde a glória adormeceu.

E erguem-se as lápides frias,
Saltam bradando os heróis:
"Quem ousa da eternidade
Roubar-nos o sono a nós?"
Responde o espectro: "A desgraça!
Que a realeza, que passa,
Com o sangue de vossa raça,
Cospe lodo sobre vós!..."

Fugi, fantasmas augustos!
Caveiras que coram mais
Do que essas faces vermelhas
Dos infames pariás!...
Fugi do solo maldito...
Embuçai-vos no infinito!...
E eu por detrás do granito
Dos montes ocidentais...

Eu também fujo... Eu fugindo!...
Mentira desses vilões!...
Não foge a nuvem trevosa
Quando em asas de tufões,
Sobe d'os céus à esplanada,
Para tomar emprestada
De raios uma outra espada,

À luz das constelações!...
Como o tigre na caverna
Afia as garras no chão,
Como em Elba amola a espada
Nas pedras – Napoleão,
Tal eu – vaga encapelada,
Recuo de uma passada,
P'ra levar de derribada
Rochedos, reis, multidões...!

III

"Pernambuco! Um dia eu vi-te
Dormido imenso ao luar,
Com os olhos quase cerrados,
Com os lábios – quase a falar...
Do braço o clarim suspenso,
– O punho no sabre extenso
De pedra – *recife* imenso,
Que rasga o peito do mar...

E eu disse: Silêncio, ventos!
Cala a boca, furacão!
No sonho daquele sono
Perpassa a Revolução!
Este olhar que não se move
'Stá fito em – Oitenta e Nove –
Lê Homero – escuta Jove...
– Robespierre – Dantão.

Naquele crânio entra em ondas
O verbo de Mirabeau...
Pernambuco sonha a escada
Que também sonhou Jacó;
Cisma a República alçada,
E pega os copos da espada,
Enquanto em su'alma brada:

"Somos irmãos, Vergniaud".
Então repeti ao povo:
– Desperta do sono teu!
Sansão – derroca as colunas!
Quebra os ferros – Prometeu!
Vesúvio curvo – não pares.
Ígnea coma solta aos ares,
Em lavas inunda os mares,
Mergulha o gládio no céu.

República!... Voo ousado
Do homem feito condor!
Raio de aurora inda oculta
Que beija a fronte ao Tabor!
Deus! Por qu'enquanto que o monte
Bebe a luz desse horizonte,
Deixas vagar tanta fronte,
No vale envolto em negror?!...

Inda me lembro... Era, há pouco,
A luta!... Horror!... Confusão!...
A morte voa rugindo
Da garganta do canhão!...
O bravo a fileira cerra!...
Em sangue ensopa-se a terra!...
E o fumo – o corvo da guerra –
Com as asas cobre a amplidão...

Cheguei!... Como nuvens tontas,
Ao bater no monte – além,
Topam, rasgam-se, recuam...
Tais a meus pés vi também
Hostes mil na luta inglória...
...Da pirâmide da glória
São degraus... Marcha a vitória,
Porque este braço a sustém.

Foi uma luta de bravos,
Como a luta do jaguar,
De sangue enrubesce a terra,
– De fogo enrubesce o ar!...
...Oh!... mas quem faz que eu não vença?
– O acaso... – avalanche imensa,
Da mão do Eterno suspensa,
Que a ideia esmaga ao tombar!...

Não importa! A liberdade
É como a hidra, o Anteu.
Se no chão rola sem forças,
Mais forte do chão se ergueu...
São os seus ossos sangrentos
Gládios terríveis, sedentos...
E da cinza solta aos ventos
Mais um Graco apareceu!...

....

Dorme, cidade maldita!
Teu sono de escravidão!
Porém no vasto sacrário
Do templo do coração,
Ateia o lume das lampas,
Talvez que um dia dos pampas
Eu surgindo quebre as campas
Onde te colam no chão.

Adeus! Vou por ti maldito
Vagar nos ermos pauis.
Tu ficas morta, na sombra
Sem vida, sem fé, sem luz!...
Mas quando o povo acordado
Te erguer do tredo valado,
Virá livre, grande, ousado,
De pranto banhar-me a cruz!..."

IV

Assim falara o vulto errante e negro
Como a estátua sombria do revés,
Uiva o tufão nas dobras de seu manto,
Como um cão do senhor ulula aos pés...

Inda um momento esteve solitário
Da tempestade semelhante ao deus,
Trocando frases com os trovões no espaço
Raios com os astros nos sombrios céus...

Depois sumiu-se dentre as brumas densas
Da negra noite – de su'alma irmã...
E longe... longe... no horizonte imenso
Ressonava a cidade cortesã!...

Vai!... Do sertão esperam-te as Termópilas
A liberdade ainda pulula ali...
Lá não vão vermes perseguir as águias
Não vão escravos perseguir a ti!

Vai!... Que o teu manto de mil balas roto
É uma bandeira, que não tem rival.
– Desse suor é que Deus faz os astros...
Tens uma espada, que não foi punhal.

Vai, tu que vestes do bandido as roupas,
Mas não te cobres de uma vil libré
Se te renega teu país ingrato
O mundo, a glória tua pátria é!..

....

V

E foi-se... E inda hoje nas horas errantes,
Que os cedros farfalham, que ruge o tufão,
E os lábios da noite murmuram nas selvas
E a onça vagueia no vasto sertão.

Se passa o tropeiro nas ermas devesas,
Caminha medroso, figura-lhe ouvir
O infrene galope d'*Espectro soberbo,*
Com um grito de glória na boca a rugir.

Que importa se o túm'lo ninguém lhe conhece?
Nem tem epitáfio, nem leito, nem cruz?...
Seu túmulo é o peito do vasto universo,
Do espaço – por cúpula – as conchas azuis!...

...Mas contam que um dia rolara o oceano
Seu corpo na praia, que a vida lhe deu...
Enquanto que a glória rolava sua alma
Nas margens da história, na areia do céu!...

Recife, maio de 1865.

OITAVAS A NAPOLEÃO

(Tradução do espanhol, de Lozano)

Águias das solidões!... Ninho atrevido
Foram-te as borrascosas tempestades,
Flamígero cometa suspendido
Sobre o céu infinito das idades.
Tu que, no lago intérmino do olvido,
Lançaste tuas régias claridades...
Deus caído do trono dos mais deuses...
Quem recebeu teus últimos adeuses?...

Não foram as Pirâmides, que ouviram
De teus passos o som e se inclinaram...
Nem as águas do Nilo, que te viram,
E co'as ondas teu nome murmuraram...
Não foram as cidades, que brandiram
As torres como facho... e te aclararam...
Quem foi? Silêncio!... trêmulo de medo
Vejo apenas – um mar... vejo – um rochedo...

A terra, o mar, os céus... espaço estreito
Eram p'ra tua planta de gigante,
Para teto dos paços teus foi feito
O firmamento colossal, flutuante
Como diadema – os sóis... E como leito
O antártico polo de diamante...
Teu féretro qual foi?... Titão do Sena,
O penhasco fatal de Santa Helena...

Assassina do Encélado da guerra
Só tu foste, Albion... do mar senhora...
Por quê? Porque um pedaço aí de terra
Foi pedir-te o gigante em negra hora...
E lhe deste um penhasco... Oh! Lá s'encerra
Tua lenda mais hórrida... Traidora!

Lá seu espectro envolto na mortalha
Aos quatro céus a maldição espalha...

Ao leão, que temias, enjaulaste;
E de longe escutando seu rugido,
Tu, senhora do mar... tu desmaiaste!
Pelo punhal traidor ele ferido
Caiu-te aos pés... Então tu respiraste,
Cobarde vencedora do vencido...
Nem mesmo todo o oceano poderia
Lavar este padrão de covardia...

Tu não és tão culpada!... Aonde estava
A França tão potente e tão temida?...
Oh! por que o não salvou?... se o contemplava
Lá dos gelos dos Alpes – soerguida!?...
E ele que a fez tão grande?... Ela folgava!...
Enquanto ao longe do colosso a vida,
Como um vulcão antigo e moribundo
Lento expirava nesse mar profundo.

S. Paulo.

BOA NOITE

Veux-tu donc partir? Le jour est encore éloigné;
C'était le rossignol et non pas l'alouette,
Dont le chant a frappé ton oreille inquiète;
Il chante la nuit sur les branches de ce grenadier,
Crois-moi, cher ami, c'était le rossignol.

SHAKESPEARE

BOA NOITE, Maria! Eu vou-me embora.
A lua nas janelas bate em cheio.
Boa noite, Maria! é tarde... é tarde...
Não me apertes assim contra teu seio.

Boa noite!... E tu dizes – Boa noite.
Mas não digas assim por entre beijos...
Mas não mo digas descobrindo o peito,
– Mar de amor onde vagam meus desejos.

Julieta do céu! Ouve... a *calhandra*
Já rumoreja o canto da matina.
Tu dizes que eu menti?... pois foi mentira...
...Quem cantou foi teu hálito, divina!

Se a estrela-d'alva os derradeiros raios
Derrama *nos jardins do Capuleto,*
Eu direi, me esquecendo d'alvorada:
"É noite ainda em tem cabelo preto..."

É noite ainda! Brilha na cambraia
– Desmanchado o roupão, a espádua nua –
O globo de teu peito entre os arminhos
Como entre as névoas se balouça a lua...

É noite, pois! Durmamos, Julieta!
Recende a alcova ao trescalar das flores,

Fechemos sobre nós estas cortinas...
– São as asas do arcanjo dos amores.

A frouxa luz da alabastrina lâmpada
Lambe voluptuosa os teus contornos...
Oh! Deixa-me aquecer teus pés divinos
Ao doudo afago de meus lábios mornos.

Mulher do meu amor! Quando aos meus beijos
Treme tua alma, como a lira ao vento,
Das teclas de teu seio que harmonias,
Que escalas de suspiros, bebo atento!

Ai! Canta a cavatina do delírio,
Ri, suspira, soluça, anseia e chora...
Marion! Marion!... É noite ainda.
Que importa os raios de uma nova aurora?!...

Como um negro e sombrio firmamento,
Sobre mim desenrola teu cabelo...
E deixa-me dormir balbuciando:
– Boa-noite! –, formosa Consuelo!...

S. Paulo, 27 de agosto de 1868.

ADORMECIDA

Ses longs cheveux épars la couvrent tout entière
La croix de son collier repose dans sa main
Comme pour témoigner qu'elle a fait sa prière.
Et qu'elle va la faire en s'éveillant demain.

A. DE MUSSET

UMA NOITE, eu me lembro... Ela dormia
Numa rede encostada molemente...
Quase aberto o roupão... solto o cabelo
E o pé descalço do tapete rente.

'Stava aberta a janela. Um cheiro agreste
Exalavam as silvas da campina...
E ao longe, num pedaço do horizonte,
Via-se a noite plácida e divina.

De um jasmineiro os galhos encurvados,
Indiscretos entravam pela sala,
E de leve oscilando ao tom das auras,
Iam na face trêmulos – beijá-la.

Era um quadro celeste!... A cada afago
Mesmo em sonhos a moça estremecia...
Quando ela serenava... a flor beijava-a...
Quando ela ia beijar-lhe... a flor fugia...

Dir-se-ia que naquele doce instante
Brincavam duas cândidas crianças...
A brisa, que agitava as folhas verdes,
Fazia-lhe ondear as negras tranças!

E o ramo ora chegava ora afastava-se...
Mas quando a via despeitada a meio,
P'ra não zangá-la... sacudia alegre

Uma chuva de pétalas no seio...
Eu, fitando esta cena, repetia
Naquela noite lânguida e sentida:
"Ó flor! – tu és a virgem das campinas!
"Virgem! – tu és a flor da minha vida!..."

S. Paulo, novembro de 1868.

JESUÍTAS

(SÉCULO XIII)

Ó mes frères, je viens vous apporter mon Dieu,
Je viens vons apporter ma tête!

V. HUGO *(Châtiments)*

QUANDO O VENTO da Fé soprava Europa,
Como o tufão, que impele ao ar a tropa
Das águias, que pousavam no alcantil;
Do zimbório de Roma – a ventania
O bando dos Apost'los sacudia
Aos cerros do Brasil.

Tempos idos! Extintos luzimentos!
O pó da catequese aos quatro ventos
Revoava nos céus...
Floria após na Índia, ou na Tartária,
No Mississípi, no Peru, na Arábia
Uma palmeira – Deus! –

O navio maltês, do Lácio a vela,
A lusa nau, as quinas de Castela,
Do Holandês a galé
Levava sem saber ao mundo inteiro
Os *vândalos* sublimes do cordeiro
Os *átilas* da fé.

Onde ia aquela nau? – Ao Oriente.
A outra? – Ao polo. A outra? – Ao Ocidente.
Outra? – Ao Norte. Outra? – Ao Sul.
E o que buscava? A foca além no polo;
O âmbar, o cravo no indiano solo,
Mulheres em 'Stambul.

Ouro – na Austrália; pedras – em Misora!...
"Mentira!" respondia em voz canora
O filho de Jesus...

"Pescadores!... nós vamos no mar fundo
"Pescar almas p'ra o Cristo em todo mundo,
"Com um anzol – a cruz –!"

Homens de ferro! Mal na vaga fria
Colombo ou Gama um trilho descobria
Do mar nos escarcéus,
Um padre atravessava os equadores,
Dizendo: "Gênios!... sois os *batedores*
Da *matilha* de Deus".

Depois as solidões surpresas viam
Esses homens inermes, que surgiam
Pela primeira vez.
E a onça recuando s'esgueirava
Julgando o crucifixo... alguma clava
Invencível talvez!

O martírio, o deserto, o cardo, o espinho,
A pedra, a serpe do sertão maninho,
A fome, o frio, a dor,
Os insetos, os rios, as lianas,
Chuvas, miasmas, setas e savanas,
Horror e mais horror...

Nada turbava aquelas frontes calmas,
Nada curvava aquelas grandes almas
Voltadas p'ra amplidão...
No entanto eles só tinham na jornada
Por couraça – a sotaina esfarrapada...
E uma cruz – por bordão.

Um dia a *taba* do Tupi selvagem
Tocava alarma... embaixo da folhagem
Rangera estranho pé...
O caboclo da rede ao chão saltava,
A seta ervada o arco recurvava...
Estrugia o *boré*.

E o tacape brandindo, a tribo fera
De um tigre ou de um jaguar ficava à espera
Com gesto ameaçador...
Surgia então no meio do terreiro
O padre calmo, santo, sobranceiro,
O *Piaga* do amor.

Quantas vezes então sobre a fogueira,
Aos estalos sombrios da madeira,
Entre o fumo e a luz...
A voz do mártir murmurava ungida
"Irmãos! Eu vim trazer-vos – minha vida...
Vim trazer-vos – Jesus!"

Grandes homens! Apóstolos heroicos!...
Eles diziam mais do que os estoicos:
"Dor, – tu és um prazer!
"Grelha, – és um leito! Brasa, – és uma gema!
"Cravo, – és um cetro! Chama, – um diadema
Ó morte, – és o viver!"

Outras vezes no eterno itinerário
O sol, que vira um dia no Calvário
Do Cristo a santa cruz,
Enfiava de vir achar nos Andes
A mesma cruz, abrindo os braços grandes
Aos índios rubros, nus.

Eram eles que o verbo do Messias
Pregavam desde o vale às serranias,
Do polo ao Equador...
E o Niágara ia contar aos mares...
E o Chimborazo arremessava aos ares
O nome do Senhor!...

S. Paulo, 1868.

POESIA E MENDICIDADE

(No álbum da Exma Sr.ª D. Maria Justina Proença Pereira Peixoto)

I

Senhora! A Poesia outrora era a Estrangeira,
Pálida, aventureira, errante a viajar,
Batendo em duas portas – ao grito das procelas –
Ao céu – pedindo estrelas, à terra – um pobre lar!

Visão – de áureos lauréis – porém de manto esquálido,
Mulher – de lábio pálido – e olhar – cheio de luz.
Seus passos nos espinhos em sangue se assinalam...
E os astros lhe resvalam – à flor dos ombros nus...

II

Olhai! O sol descamba... A tarde harmoniosa
Envolve luminosa a Grécia em frouxo véu.
Na estrada ao som da vaga, ao suspirar do vento,
De um marco poeirento um velho então se ergueu.

Ergueu-se tateando... é cego... o cego anseia...
Porém o que tateia aquela augusta mão?...
Talvez busca pegar o sol, que lento expira!...
Fado cruel... mentira!... Homero pede pão!

III

Mas ai! volvei, Senhora, os vossos belos olhos
Daquele mar de abrolhos, a um novo quadro! olhai!
Do vasto salão gótico eu ergo o reposteiro...
O lar é hospitaleiro... Entrai, Senhora, entrai!

Estamos na média idade. Arnês, gládio, armadura
Servem de compostura à sala vasta e chã.
A um lado um galgo esbelto ameiga e acaricia
A mão suave, esguia – à loura castelã.

Vai o banquete em meio... O bardo se alevanta
Pega da lira... canta... uma canção de amor...
Ouvi-o! Para ouvi-lo a estrela pensativa
Alonga pela ogiva um raio de languor!

Dos ramos do carvalho a brisa se debruça...
Na sala alguém soluça... (amor, ou languidez?)
Súbito a nota extrema anseia, treme, rola...
Alguém pede uma esmola... Senhora, não olheis!...

Assim nos tempos idos a musa canta e pede...
Gênio e mendigo... vede... o abismo de irrisões!
Tasso implora um olhar! Vai Ossian mendicante...
Caminha roto o Dante! e pede pão Camões.

IV

Bem sei, Senhora, que ao talento agora
Surgiu a aurora de uma luz amena.
Hoje há salário p'ra qualquer trabalho,
Cinzel, ou malho, ferramenta ou pena!

Melhor que o Rei sabe pagar o pobre
Melhor que o nobre – protetor verdugo –!
Foi surdo um *trono... à maior glória vossa...*
Abre-se a choça aos Miseráveis de Hugo.

Porém não sei se é por costume antigo,
Que inda é mendigo do cantor o gênio.
Mudem-se os panos do cenário a esmo
O vulto é o mesmo... num melhor proscênio...

V

Hoje o Poeta – caminheiro errante,
Que tem saudade de um país melhor
Pede uma pérola – à maré montante,
Do seio às vagas – pede – um outro amor.

Alma sedenta de ideal na terra
Busca apagar aquela sede atroz!
Pede a harmonia divinal, que encerra
Do ninho o chilro... da tormenta a voz!

E o rir da folha, o sussurrar da fala,
Trenos da estrela no amoroso estio.
Voz que dos poros o Universo exala
Do céu, da gruta, do alcantil, do rio!

Pede aos pequenos, desde o verme ao tojo,
Ao fraco, ao forte... – preces, gritos, uivos...
Pede das águias o possante arrojo,
Para encontrar os meteoros ruivos.

Pede à mulher que seja boa e linda
– Vestal de um tipo que o *ideal* revela...
Pois ser formosa é ser melhor ainda...
Se és boa – és luz... mas se és formosa – estrela...

E pede à sombra p'ra aljofrar de orvalhos
A fronte azul da solidão noturna.
E pede às auras p'ra afagar os galhos
E pede ao lírio p'ra enfeitar a furna.

Pede ao olhar a maciez suave
Que tem o arminho e o *edredon* macio,
O aveludado da penugem d'ave,
Que afaga as plumas no palmar sombrio.
....

E quando encontra sobre a terra ingrata
Um reverbero do clarão celeste,
– Alma formada de uma essência grata,
Que a lua – doura, e que um perfume veste;

Um rir, que nasce como o broto em maio;
Mostrando seivas de bondade infinda,
Fronte que guarda – a claridade e o raio,
– Virtude e graça – o ser bondosa e linda...

Então, Senhora, sob tanto encanto
Pede o Poeta (que não tem renome)
– Versos – à brisa p'ra vos dar um canto...
Raios ao sol – p'ra vos traçar o nome!...

Bahia, 26 de janeiro de 1870.

HINO AO SONO

Ó SONO! ó noivo pálido
Das noites perfumosas,
Que um chão de *nebulosas*
Trilhas pela amplidão!
Em vez de verdes pâmpanos,
Na branca fronte enrolas
As lânguidas papoulas,
Que agita a viração.

Nas horas solitárias,
Em que vagueia a lua,
E lava a planta nua
Na onda azul do mar,
Com um dedo sobre os lábios
No voo silencioso,
Vejo-te cauteloso
No espaço viajar!

Deus do infeliz, do mísero!
Consolação do aflito!
Descanso do precito,
Que sonha a vida em ti!
Quando a cidade tétrica
De angústias e dor não geme...
É tua mão que espreme
A dormideira ali.

Em tua branca túnica
Envolves meio mundo...
É teu seio fecundo
De sonhos e visões
Dos templos aos prostíbulos,
Desde o tugúrio ao Paço,

Tu lanças lá do espaço
Punhados de ilusões!...

Da vide o sumo rúbido,
Do *hatchiz* a essência
O ópio, que a indolência
Derrama em nosso ser,
Não valem, gênio mágico,
Teu seio, onde repousa
A placidez da lousa
E o gozo de viver...

Ó sono! Unge-me as pálpebras...
Entorna o esquecimento
Na luz do pensamento,
Que abrasa o crânio meu.
Como o pastor da Arcádia,
Que uma ave errante aninha...
Minh'alma é uma andorinha...
Abre-lhe o seio teu.

Tu, que fechaste as pétalas
Do lírio, que pendia,
Chorando a luz do dia
E os raios do arrebol,
Também fecha-me as pálpebras...
Sem *Ela* o que é a vida?
Eu sou a flor pendida
Que espera a luz do sol.

O leite das eufórbias
P'ra mim não é veneno...
Ouve-me, ó Deus sereno!
Ó Deus consolador!
Com teu divino bálsamo
Cala-me a ansiedade!
Mata-me esta saudade,
Apaga-me esta dor.

Mas quando, ao brilho rútilo
Do dia deslumbrante,
Vires a minha amante
Que volve para mim,
Então ergue-me súbito...
É minha aurora linda...
Meu anjo... mais ainda...
É minha amante enfim!

Ó sono! Ó Deus noctívago!
Doce influência amiga!
Gênio que a Grécia antiga
Chamava de Morfeu,
Ouve!... E se minhas súplicas
Em breve realizares...
Voto nos teus altares
Minha lira de Orfeu!

S. Paulo, 12 de julho de 1868.

NO ÁLBUM DO ARTISTA LUIS C. AMOÊDO

Nos tempos idos... O alabastro, o mármore
Reveste as formas d'esnuadas, mádidas
De Vênus ou Friné.
Nem um véu p'ra ocultar o seio trêmulo,
Nem um tirso a velar a coxa pálida...
O olhar não sonha... vê!

Um dia o artista, num momento lúcido,
Entre *gazas de pedra* a loura Aspásia
Amoroso envolveu.
Depois, surpreso!... viu-a inda mais lânguida...
Sonhou mais doido aquelas formas lúbricas...
Mais *nuas* sob um *véu.*

É o mistério do espírito... A modéstia
É dos talentos reis a santa púrpura...
Artista, és belo assim...
Este *santo pudor* é só dos gênios! –
Também o espaço esconde-se entre névoas...
E no entanto é... sem fim!

S. Paulo, abril de 1868.

VERSOS A UM VIAJANTE

> Ai! nenhum mago da Caldeia sábia
> A dor abrandará que me devora.
>
> F. Varela

Tenho saudades das cidades vastas,
Dos ínvios cerros, do ambiente azul...
Tenho saudades dos cerúleos mares,
Das belas filhas do país do sul!

Tenho saudades de meus dias idos
– Pét'las perdidas em fatal paul –
Pét'las, que outrora desfolhamos juntos,
Morenas filhas do país do sul!

Lá onde as vagas nas areias rolam,
Bem como aos pés da Oriental 'Stambul...
E da Tijuca na nitente espuma
Banham-se as filhas do país do sul.

Onde ao sereno a magnólia esconde
Os pirilampos "de lanterna azul",
Os pirilampos, que trazeis nas coifas,
Morenas filhas do país do sul.

Tenho saudades... ai! de ti, São Paulo,
– Rosa de Espanha no hibernal Friul –
Quando o estudante e a serenata acordam
As belas filhas do país do sul.

Das várzeas longas, das manhãs brumosas,
Noites de névoas, ao rugitar do sul,
Quando eu sonhava nos morenos seios
Das belas filhas do país do sul.

Em caminho. Fevereiro de 1870.

ONDE ESTÁS?

É MEIA-NOITE... e rugindo
Passa triste a ventania,
Como um verbo de desgraça,
Como um grito de agonia.
E eu digo ao vento, que passa
Por meus cabelos fugaz:
"Vento frio do deserto,
Onde ela está? Longe ou perto?"
Mas, como um hálito incerto,
Responde-me o eco ao longe:
"Oh! minh'amante, onde estás?..."

Vem! É tarde! Por que tardas?
São horas de brando sono,
Vem reclinar-te em meu peito
Com teu lânguido abandono!...
'Stá vazio nosso leito...
'Stá vazio o mundo inteiro;
E tu não queres qu'eu fique
Solitário nesta vida...
Mas por que tardas, querida?...
Já tenho esperado assaz...
Vem depressa, que eu deliro
Oh! minh'amante, onde estás?...

Estrela – na tempestade,
Rosa – nos ermos da vida;
Íris – do náufrago errante,
Ilusão – d'alma descrida!
Tu foste, mulher formosa!
Tu foste, ó filha do céu!...

...E hoje que o meu passado
Para sempre morto jaz...
Vendo finda a minha sorte,
Pergunto aos ventos do Norte...
“Oh! minh’amante, onde estás?...”

Bahia.

A BOA VISTA

> Sonha, poeta, sonha! Aqui sentado
> No tosco assento da janela antiga,
> Apoias sobre a mão a face pálida,
> Sorrindo – dos amores à cantiga.
>
> ÁLVARES DE AZEVEDO

ERA UMA TARDE triste, mas límpida e suave...
Eu – pálido poeta – seguia triste e grave
A estrada, que conduz ao campo solitário,
Como um filho, que volta ao paternal sacrário,

E ao longe abandonando o múrmur da cidade
– Som vago, que gagueja em meio à imensidade, –
No drama do crepúsculo eu escutava atento
A *surdina* da tarde ao sol, que morre lento.

A poeira da estrada meu passo levantava
Porém minh'alma ardente no céu azul marchava
E os astros sacudia no voo violento
– Poeira, que dormia no chão do firmamento.

A pávida andorinha, que o vendaval fustiga,
Procura os coruchéus da catedral antiga.
Eu – andorinha entregue aos vendavais do inverno,
Ia seguindo triste p'ra o velho lar paterno.

Como a águia, que do ninho talhado no rochedo
Ergue o pescoço calvo por cima do fraguedo,
– (P'ra ver no céu a nuvem, que espuma o firmamento,
E o mar, – corcel que espuma ao látego do vento...)
Longe o feudal castelo levanta a antiga torre,
Que aos raios do poente brilhante sol escorre!

Ei-lo soberbo e calmo o abutre de granito
Mergulhando o pescoço no seio do infinito,
E lá de cima olhando com seus clarões vermelhos
Os tetos, que a seus pés parecem de joelhos!...

Não! Minha velha torre! Oh! atalaia antiga,
Tu olhas esperando alguma face amiga,
E perguntas talvez ao vento, que em ti chora:
"Por que não volta mais o meu senhor d'outrora?
Por que não vem sentar-se no banco do terreiro
Ouvir das criancinhas o riso feiticeiro,
E pensando no lar, na ciência, nos pobres
Abrigar nesta sombra seus pensamentos nobres?
....

Onde estão as crianças – grupo alegre e risonho
– Que escondiam-se atrás do cipreste tristonho...

Ou que enforcaram rindo um feio *Pulchinello,*
Enquanto a doce Mãe, que é toda amor, desvelo
Ralha com um rir divino o grupo folgazão,
Que vem correndo alegre beijar-lhe a branca mão?..."
....

É nisto que tu cismas, ó torre abandonada,
Vendo deserto o parque e solitária a estrada.
No entanto eu – estrangeiro, que tu já não conheces –
No limiar de joelhos só tenho pranto e preces.

Oh! deixem-me chorar!... Meu lar... meu doce ninho!
Abre a vetusta grade ao filho teu mesquinho!
Passado – mar imenso!... inunda-me em fragrância!
Eu não quero lauréis, quero as rosas da infância.

Ai! Minha triste fronte, aonde as multidões
Lançaram misturadas glórias e maldições...
Acalenta em teu seio, ó solidão sagrada!
Deixa est'alma chorar em teu ombro encostada!

Meu lar está deserto... Um velho cão de guarda
Veio saltando a custo roçar-me a testa parda,
Lamber-me após os dedos, porém a sós consigo
Rusgando com o direito, que tem um velho amigo...
Como tudo mudou-se!... O jardim 'stá inculto
As roseiras morreram do vento ao rijo insulto...
A erva inunda a terra; o musgo trepa os muros
A urtiga silvestre enrola em nós impuros
Uma estátua caída, em cuja mão nevada
A aranha estende ao sol a teia delicada!...
Mergulho os pés nas plantas selvagens, espalmadas,
As borboletas fogem-me em lúcidas manadas...
E ouvindo-me as passadas tristonhas, taciturnas,
Os grilos, que cantavam, calaram-se nas furnas...

Oh! jardim solitário! Relíquia do passado!
Minh'alma, como tu, é um parque arruinado!
Morreram-me no seio as rosas em fragrância,
Veste o pesar os muros dos meus vergéis da infância.

A estátua do talento, que pura em mim s'erguia,
Jaz hoje – e nela a turba enlaça uma ironia!...
Ao menos como tu, lá d'alma num recanto
Da casta poesia ainda escuto o canto,
– Voz do céu, que consola, se o mundo nos insulta,
E na gruta do seio murmura um treno oculta.

Entremos!... Quantos ecos na vasta escadaria,
Nos longos corredores respondem-me à porfia!...

Oh! casa de meus pais!... A um crânio já vazio,
Que o hóspede largando deixou calado e frio,
Compara-te o estrangeiro – caminhando indiscreto
Nestes salões imensos, que abriga o vasto teto.

Mas eu no teu vazio – vejo uma multidão
Fala-me o teu silêncio – ouço-te a solidão!...

Povoam-se estas salas...
E eu vejo lentamente
No solo resvalarem falando tenuemente
Dest'alma e deste seio as sombras venerandas
Fantasmas adorados – visões sutis e brandas...

Aqui... além... mais longe... por onde eu movo o passo,
Como aves, que espantadas arrojam-se ao espaço,
Saudades e lembranças s'erguendo – bando alado –
Roçam por mim as asas voando p'ra o passado.

Boa Vista, 18 de novembro de 1867.

A UMA ESTRANGEIRA

Lembrança de uma noite no mar

Sens-tu mon coeur, comme il palpite?
Le tien comme il battait gaiement!
Je m'en vais pourtant, ma petite
Bien loin, bien vite
Tou jours t'aimant.

(Chanson)

Inês! nas terras distantes,
Aonde vives talvez,
Inda lembram-te os instantes
Daquela noite divina?...
Estrangeira, peregrina,
Quem sabes? – Lembras-te, Inês?

Branda noite! A noite imensa
Não era um ninho? – Talvez!...
Do Atlântico a vaga extensa
Não era um berço? – Oh! Se o era...
Berço e ninho... ai, primavera!
O ninho, o berço de Inês.

Às vezes estremecias...
Era de febre? Talvez...
Eu pegava-te as mãos frias
P'ra aquentá-las em meus beijos...
Oh! palidez! Oh! desejos!
Oh! longos cílios de Inês.

Na proa os nautas cantavam
Eram saudades?... Talvez!
Nossos beijos estalavam
Como estala a castanhola...
Lembras-te acaso, espanhola?
Acaso lembras-te, Inês?

Meus olhos nos teus morriam...
Seria vida? – Talvez!
E meus prantos te diziam:
“Tu levas minh’alma, ó filha,
Nas rendas desta mantilha...
Na tua mantilha, Inês!”

De Cádiz o aroma ainda
Tinhas no seio... – Talvez!
De Buenos Aires a linda,
Volvendo aos lares, trazia
As rosas de Andaluzia
Nas lisas faces de Inês!

E volvia a Americana
Do Plata às vagas... Talvez?
E a brisa amorosa, insana
Misturava os meus cabelos
Aos cachos escuros, belos,
Aos negros cachos de Inês!

As estrelas acordavam
Do fundo do mar... Talvez!
Na proa as ondas cantavam,
E a serenata divina
Tu, com a ponta da botina,
Marcavas no chão... Inês!

Não era cumplicidade
Do céu, dos mares? Talvez!
Dir-se-ia que a imensidade
– Conspiradora mimosa –
Dizia à vaga amorosa:
“Segreda amores a Inês!”

E como um véu transparente,
Um véu de noiva... talvez,
Da lua o raio tremente
Te enchia de casto brilho...
E a rastos no tombadilho
Caía a teus pés... Inês!

E essa noite delirante
Pudeste esquecer? – Talvez...
Ou talvez que neste instante,
Lembrando-te inda saudosa,
Suspires, moça formosa!...
Talvez te lembres... Inês!

Curralinho, 2 de julho de 1870.

PERSEVERANDO

(Tradução de V. Hugo)

A Regueira Costa

A águia é o gênio... Da tormenta o pássaro,
Que do monte arremete altivo píncaro,
Qu'ergue um grito aos fulgores do arrebol,
Cuja garra jamais se peia em lodo,
E cujo olhar de fogo troca raios
– Contra os raios do sol.

Não tem ninho de palhas... tem um antro
– Rocha talhada ao martelar do raio,
– Brecha em serra, ant'a qual o olhar tremeu...
No flanco da montanha – asilo trêmulo,
Que sacode o tufão entre os abismos
– O precipício e o céu.

Nem pobre verme, nem dourada abelha
Nem azul borboleta... sua prole
Faminta, boquiaberta espera ter...
Não! São aves da noite, são serpentes,
São lagartos imundos, que ela arroja
Aos filhos p'ra viver.

Ninho de rei!... palácio tenebroso,
Que a avalanche a saltar cerca tombando!...
O gênio aí enseiba a geração...
E ao céu lhe erguendo os olhos flamejantes
Sob as asas de fogo aquenta as almas
Que um dia voarão.

Por que espantas-te, amigo, se tua fronte
Já de raios pejada, choca a nuvem?...

Se o réptil em seu ninho se debate?...
É teu folgar primeiro... é tua festa!...
Águias! P'ra vós cad'hora é uma tormenta,
Cada festa um combate!...

Radia!... É tempo!... E se a lufada erguer-se
Muda a noite feral em prisma fúlgido!
De teu alto pensar completa a lei!...
Irmão! – Prende esta mão de irmão na minha!...
Toma a lira – Poeta! Águia! – esvoaça!
Sobe, sobe, astro rei!...

De tua aurora a bruma vai fundir-se
Águia! faz-te mirar do sol, do raio;
Arranca um nome no febril cantar.
Vem! A glória, que é o alvo de vis setas,
É bandeira arrogante, que o combate
Embeleza ao rasgar.

O meteoro real – de coma fúlgida –
Rola e se engrossa ao devorar dos mundos...
Gigante! Cresces todo o dia assim!...
Tal teu gênio, arrastando em novos trilhos
No curso audaz constelações de ideias,
Marcha e recresce no marchar sem fim!...

Pernambuco, Santo Amaro, 1867.

O CORAÇÃO

O CORAÇÃO é o colibri dourado
Das veigas puras do jardim do céu.
Um – tem o mel da granadilha agreste,
Bebe os perfumes, que a bonina deu.

O outro – voa em mais virentes balças,
Pousa de um riso na rubente flor.
Vive do mel – a que se chama – crenças –,
Vive do aroma – que se diz – amor. –

Recife, 1865.

MURMÚRIOS DA TARDE

Écoute! tout se tait; songe à ta bien-aimée,
Ce soir, sous les tilleuls, à la sombre ramée,
Le rayon du couchant laisse un adieu plus doux;
Ce soir, tout va fleurir: l'immortelle nature
Se remplit de parfums, d'amour et de murmure,
Comme le lit joyeux de deux jeunes époux.

A. de Musset.

Rosa! Rosa de amor purpúrea e bela!

Garrett.

Ontem à tarde, quando o sol morria,
A natureza era um poema santo,
De cada moita a escuridão saía,
De cada gruta rebentava um canto,
Ontem à tarde, quando o sol morria.

Do céu azul na profundeza escura
Brilhava a estrela, como um fruto louro,
E qual a foice, que no chão fulgura,
Mostrava a lua o semicirc'lo d'ouro,
Do céu azul na profundeza escura.

Larga harmonia embalsamava os ares!
Cantava o ninho – suspirava o lago...
E a verde pluma dos sutis palmares
Tinha das ondas o murmúrio vago...
Larga harmonia embalsamava os ares.

Era dos seres a harmonia imensa,
Vago concerto de saudade infinda!
"Sol – não me deixes", diz a vaga extensa,
"Aura – não fujas", diz a flor mais linda;
Era dos seres a harmonia imensa!

"Leva-me! leva-me em teu seio amigo"
Dizia às nuvens o choroso orvalho,
"Rola que foges", diz o ninho antigo,
"Leva-me ainda para um novo galho...
Leva-me! leva-me em teu seio amigo."

"Dá-me inda um beijo, antes que a noite venha!
Inda um calor, antes que chegue o frio..."
E mais o musgo se conchega à penha
E mais à penha se conchega o rio...
"Dá-me inda um beijo, antes que a noite venha!"

E tu no entanto no jardim vagavas,
Rosa de amor, celestial Maria...
Ai! como esquiva sobre o chão pisavas,
Ai! como alegre a tua boca ria...
E tu no entanto no jardim vagavas.

Eras a estrela transformada em virgem!
Eras um anjo, que se fez menina!
Tinhas das aves a celeste origem.
Tinhas da lua a palidez divina,
Eras a estrela transformada em virgem!

Flor! Tu chegaste de outra flor mais perto,
Que bela rosa! que fragrância meiga!
Dir-se-ia um riso no jardim aberto,
Dir-se-ia um beijo, que nasceu na veiga...
Flor! Tu chegaste de outra flor mais perto!...

E eu, que escutava o conversar das flores,
Ouvi que a rosa murmurava ardente:
"Colhe-me, ó virgem, – não terei mais dores,
Guarda-me, ó bela, no teu seio quente..."
E eu escutava o conversar das flores.

"Leva-me! leva-me, ó gentil Maria!"
Também então eu murmurei cismando...
"Minh'alma é rosa, que a geada esfria...
Dá-lhe em teus seios um asilo brando...
"Leva-me! leva-me, ó gentil Maria!..."

Rio de Janeiro, 12 de outubro de 1869.

PELAS SOMBRAS

Ao Padre Francisco de Paula

C'est que je suis frappé du doute.
C'est que l'etoile de la foi
N'éclaire plus ma noire route:
Tout est abîme autour de moi!

La Morvonnais

Senhor! A noite é brava... a praia é toda escolhos.
Ladram na escuridão das *Circes as cadelas*...
As lívidas marés atiram, a meus olhos,
Cadáveres, que riem à face das estrelas!

Da garça do oceano as ensopadas penas
O mórbido suor enxugam-me da testa.
Na aresta do rochedo o pé se firma apenas...
No entanto ouço do abismo a rugidora festa!...

Nas orlas de meu manto o vendaval s'enrola...
Como invisível destra açoita as faces minhas...
Enquanto que eu tropeço... um grito ao longe rola...
"Quem foi?" perguntam rindo as solidões marinhas.

Senhor! Um facho ao menos empresta ao caminhante.
A treva me assoberba... Ó Deus! dá-me um clarão!

E uma Voz respondeu nas sombras triunfante:
"Acende, ó Viajor! – o facho da Razão!"

....

Senhor! Ao pé do lar, na quietação, na calma
Pode a flama subir brilhante, loura, eterna;
Mas quando os vendavais, rugindo, passam n'alma,
Quem pode resguardar a trêmula lanterna?

Torcida... desgrenhada aos dedos da lufada
Bateu-me contra o rosto... e se abismou na treva,
Eu vi-a vacilar... e minha mão queimada
A lâmpada sem luz embalde ao raio eleva.

Quem fez a gruta – escura, o pirilampo cria!
Quem fez a noite – azul, inventa a estrela clara!
Na fronte do oceano – acende uma ardentia!
Com o floco do Santelmo – a tempestade aclara!

Mas ai! Que a treva interna – a dúvida constante –
Deixaste assoberbar-me em funda escuridão!...

E uma Voz respondeu nas sombras triunfante:
"Acende, ó Viajor! a Fé no coração!..."

Curralinho, 5 de junho de 1870.

ODE AO DOUS DE JULHO
(Recitada no Teatro de S. Paulo)

ERA NO DOUS de julho. A pugna imensa
Travara-se nos cerros da Bahia...
O anjo da morte pálido cosia
Uma vasta mortalha em Pirajá.
"Neste lençol tão largo, tão extenso,
"Como um pedaço roto do infinito...
O mundo perguntava erguendo um grito:
"Qual dos gigantes morto rolará?!..."

Debruçados do céu... a noite e os astros
Seguiam da peleja o incerto fado...
Era a tocha – o fuzil avermelhado!
Era o Circo de Roma – o vasto chão!
Por palmas – o troar da artilharia!
Por feras – os canhões negros rugiam!
Por atletas – dous povos se batiam!
Enorme anfiteatro – era a amplidão!

Não! Não eram dous povos, que abalavam
Naquele instante o solo ensanguentado...
Era o porvir – em frente do passado,
A Liberdade – em frente à Escravidão,
Era a luta das águias – e do abutre,
A revolta do pulso – contra os ferros,
O pugilato da razão – com os erros,
O duelo da treva – e do clarão!...

No entanto a luta recrescia indômita...
As bandeiras – como águias eriçadas –
Se abismavam com as asas desdobradas
Na selva escura da fumaça atroz...
Tonto de espanto, cego de metralha,

O arcanjo do triunfo vacilava...
E a glória desgrenhada acalentava
O cadáver sangrento dos heróis!...
....
....

Mas quando a branca estrela matutina
Surgiu do espaço... e as brisas forasteiras
No verde leque das gentis palmeiras
Foram cantar os hinos do arrebol,
Lá do campo deserto da batalha
Uma voz se elevou clara e divina:
Eras tu – Liberdade peregrina!
Esposa do porvir – noiva do sol!...

Eras tu que, com os dedos ensopados
No sangue dos avós mortos na guerra,
Livre sagravas a Colúmbia terra,
Sagravas livre a nova geração!
Tu que erguias, subida na pirâmide,
Formada pelos mortos de Cabrito,
Um pedaço de gládio – no infinito...
Um trapo de bandeira – n'amplidão!...

S. Paulo, julho de 1868.

A DUAS FLORES

São duas flores unidas,
São duas rosas nascidas
Talvez no mesmo arrebol,
Vivendo no mesmo galho,
Da mesma gota de orvalho,
Do mesmo raio de sol.

Unidas, bem como as penas
Das duas asas pequenas
De um passarinho do céu...
Como um casal de rolinhas,
Como a tribo de andorinhas
Da tarde no frouxo véu.

Unidas, bem como os prantos,
Que em parelha descem tantos
Das profundezas do olhar...
Como o suspiro e o desgosto,
Como as covinhas do rosto,
Como as estrelas do mar.

Unidas... Ai quem pudera
Numa eterna primavera
Viver, qual vive esta flor.
Juntar as rosas da vida
Na rama verde e florida,
Na verde rama do amor!

Curralinho, março de 1870.

O TONEL DAS DANAIDES

Diálogo

Na torrente caudal de seus cabelos negros
Alegre eu embarquei da vida a rubra flor.

– Poeta! Eras o Doge o anel lançando às ondas...
Ao fundo de um abismo... arremessaste o amor.

Depois minh'alma ao som da Lira de cem vozes
Sublimes fantasias em notas desfolhou.

– Cleópatra também p'ra erguer no Tibre a espuma
As pér'las do colar nas vagas desfiou!

Depois fiz de meu verso a púrpura escarlate
Por onde ela pisasse em marcha triunfal!

– Como Hércules, volveste aos pés da insana Onfália
O fuso feminil de uma paixão fatal.

Um dia ela me disse: "Eu sou uma exilada!"
Ergui-me... e abandonei meu lar e meu país...

– Assim o filho pródigo atira as vestes quentes
E treme no caminho aos pés da meretriz.

E quando debrucei-me à beira daquela alma
P'ra ver toda riqueza e afetos que lhe dei!...

– Ai! nada mais achaste! o abismo os devorara...
O pego se esqueceu da dádiva do Rei!

Na gruta do chacal ao menos restam ossos...
Mas tudo sepultou-me aquele amor cruel!

– Poeta! O coração da fria Messalina
É das fatais Danaides o pérfido *Tonel!*

14 de outubro de 1869.

A LUIS

(No dia de seu natalício)

> A imaginação, com o voo ousado, aspira a princípio à eternidade... Depois um pequeno espaço basta em breve para os destroços de nossas esperanças iludidas!...
>
> Goethe

Como um perfume de longínquas plagas
Traz o vento da pátria ao peregrino,
Ó meu amigo! que saudade infinda
Tu me trazes dos tempos de menino!

É o ledo enxame de sutis abelhas
Que vem lembrar à flor o mel d'aurora...
Acres perfumes de uma idade ardente
Quando o lábio sorri... mas nunca chora!

Que tempos idos! que esperanças louras!
Que cismas de poesia e de futuro!
Nas páginas do triste Lamartine
Quanto sonho de amor pousava puro!...

E tu falavas de um amor celeste,
De um anjo, que depois se fez esposa...
– Moça, que troca os risos de criança
Pelo meigo cismar de mãe formosa.

Oh! meu amigo! neste doce instante
O vento do passado em mim suspira,
E minh'alma estremece de alegria,
Como ao beijo da noite geme a lira.

Tu paraste na tenda, ó peregrino!
Eu vou seguindo do deserto a trilha;
Pois bem... que a lida do poeta errante
Seja a bênção do lar e da família.

Rio, fevereiro de 1868.

DALILA

Fair defect of nature.
MILTON (*Paradise Lost*)

FOI DESGRAÇA, meu Deus!... Não!... Foi loucura
Pedir seiba de vida – à sepultura,
Em gelo – me abrasar,
Pedir amores – a Marco sem brio,
E a rebolcar-me em leito imundo e frio
– A ventura buscar.

Errado viajor – sentei-me à alfombra
E adormeci da mancenilha à sombra
Em berço de cetim...
Embalava-me a brisa no meu leito...
Tinha o veneno a lacerar-me o peito
– A morte dentro em mim...

Foi loucura!... No ocaso – tomba o astro;
A estátua branca e pura de alabastro
– Se mancha em lodo vil...
Quem rouba a estrela – à tumba do ocidente?
Que Jordão lava na lustral corrente
O marmóreo perfil?...

....

Talvez!... Foi sonho!... Em noite nevoenta
Ela passou sozinha, macilenta,
Tremendo a soluçar...
Chorava – nenhum eco respondia...
Sorria – a tempestade além bramia...
E ela sempre a marchar.

E eu disse-lhe: Tens frio? – arde minha alma.
Tens os pés a sangrar? – podes em calma
Dormir no peito meu.

Pomba errante – é meu peito um ninho vago!
Estrela – tens minha alma – imenso lago –
Reflete o rosto teu!...

E amamos – Este amor foi um delírio...
Foi ela minha crença, foi meu lírio,
Minha estrela sem véu...
Seu nome era o meu canto de poesia,
Que com o sol – pena de ouro – eu escrevia
Nas lâminas do céu.

Em seu seio escondi-me... como à noite
Incauto colibri, temendo o açoite
Das iras do tufão,
A cabecinha esconde sob as asas,
Faz seu leito gentil por entre as gazas
Da rosa do Japão.

E depois... embalei-a com meus cantos
Seu passado esqueci... lavei com prantos
Seu lodo e maldição...
... Mas um dia acordei... E mal desperto
Olhei em torno a mim... – Tudo deserto...
Deserto o coração...

Ao vento, que gemia pelas franças
Por ela perguntei... de suas tranças
À flor que ela deixou...
Debalde... Seu lugar era vazio...
E meu lábio queimado e o peito frio,
Foi ela que o queimou...

Minha alma nodoou no ósculo imundo,
Bem como Satanás – beijando o mundo –
Manchou a criação,
Simum – crestou-me da esperança as flores...
Tormenta – ela afogou nos seus negrores
A luz da inspiração...

Vai, Dalila!... É bem longa tua estrada...
É suave a descida – terminada
Em báratro cruel.
Tua vida – é um banho de ambrosia...
Mais tarde a morte e a lâmpada sombria
Pendente do bordel.

Hoje flores... A música soando...
As perlas do Champagne gotejando
Em taças de cristal.
A volúpia a escaldar na louca insônia...
Mas sufoca os festins de Babilônia
A legenda fatal.

Tens o seio de fogo e a alma fria.
O cetro empunhas lúbrico da orgia
Em que reinas tu só!...
Mas que finda o ranger de uma mortalha,
A enxada do coveiro que trabalha
A revolver o pó.

Não te maldigo, não!... Em vasto campo
Julguei-te – estrela, – e eras – pirilampo
Em meio à cerração...
Prometeu – quis dar luz à fria argila...
Não pude... Pede a Deus, louca Dalila,
A luz da redenção!!...

Recife, 1864.

AS DUAS ILHAS

Sobre uma página de poesia de V. Hugo com o mesmo título

Quando à noite – às horas mortas –
O silêncio e a solidão
– Sob o dossel do infinito –
Dormem do mar n'amplidão,
Vê-se, por cima dos mares,
Rasgando o teto dos ares
Dois gigantescos perfis...
Olhando por sobre as vagas,
Atentos, longínquas plagas
Ao clarear dos fuzis.

Quem os vê, olha espantado
E a sós murmura: "O que é?
Ai! que atalaias gigantes
São essas além de pé?!..."
Adamastor de granito
Co'a testa roça o infinito
E a barba molha no mar;
E de pedra a cabeleira
Sacudind'a onda ligeira
Faz de medo recuar...

São – dous marcos miliários,
Que Deus nas ondas plantou.
Dous rochedos, onde o mundo
Dous Prometeus amarrou!...
– Acolá... (Não tenhas medo!...)
É Santa Helena – o rochedo
Desse Titã, que foi rei!...
– Ali... (Não feches os olhos!...)
Ali... aqueles abrolhos
São a ilha de Jersey!...

São eles – os dous gigantes
No século de pigmeus.
São eles – que a majestade
Arrancam da mão de Deus.
– Este concentra na fronte
Mais astros – que o horizonte,
Mais luz – do que o sol lançou!...
– Aquele – na destra alçada
Traz segura sua espada
– Cometa, que ao céu roubou!...

E olham os velhos rochedos
O Sena, que dorme além...
E a França, que entre a caligem
Dorme em sudário também...
E o mar pergunta espantado:
"Foi deveras desterrado
Buonaparte – meu irmão?..."
Diz o céu astros chorando:
"E Hugo?..." E o mundo pasmando
Diz: "Hugo... Napoleão!..."

Como vasta reticência
Se estende o silêncio após...
És muito pequena, ó França,
P'ra conter estes heróis...
Sim! que estes vultos augustos
Para o leito de Procustos
Muito grandes Deus traçou...
Basta os reis tremam de medo
Se a sombra de algum rochedo
Sobre eles se projetou!...

Dizem que, quando, alta noite,
Dorme a terra – e vela Deus,
As duas ilhas conversam
Sem temor perante os céus.

– Jersey curva sobre os mares
À Santa Helena os pensares
Segreda do velho Hugo...
– E Santa Helena no entanto
No *Salgueiro* enxuga o pranto
E conta o que *Ele* falou...

E olhando o presente infame
Clamam: "Da turba vulgar
Nós – infinitos de pedra –
Nós havemo-los vingar!..."
E do mar sobre as escumas,
E do céu por sobre as brumas,
Um ao outro dando a mão...
Encaram a imensidade
Bradando: "A Posteridade!..."
Deus ri-se e diz: "Inda não!..."

Recife, 1865.

AO ATOR JOAQUIM AUGUSTO

Um dia Pigmalião – o estatuário
Da oficina no tosco santuário
Pôs-se a pedra a talhar...
Surgem contornos lânguidos, amenos...
E dos *flocos de mármore* outra Vênus
Surge dest'*outro mar.*

De orgulho o mestre ri... A estátua é bela!
Da Grécia as filhas por inveja dela
Vão nas grutas gemer...
Mas o artista soluça: "Ó Grande Jove!
"Ela é bela... bem sei – mas não se move!
"É sombra – e não mulher!"

Então do excelso Olimpo o deus-tonante
Manda que desça um raio fulgurante
À tenda do escultor.
Vive a estátua! Nos olhos – treme o pejo,
Vive a estátua!... Na boca – treme um beijo,
Nos seios – treme amor.

O poeta é – o moderno estatuário
Que na vigília cria solitário
Visões de seio nu!
O mármore da Grécia – é o novo drama!
Mas o raio vital quem lá derrama?...
É Júpiter!... És tu!...

Como Gluck nas selvas aprendia
Ao som do violoncelo a melodia
Da santa inspiração,

Assim bebes atento a voz obscura
Do vento das paixões na selva escura
Chamada – multidão.

Gargalhadas, suspiros, beijos, gritos,
Cantos de amor, blasfêmias de precitos,
Choro ou reza infantil,
Tudo colhes... e voltas co'as mãos cheias
– O crânio largo a transbordar de ideias
E de criações mil.

Então começa a luta, a luta enorme,
Desta matéria tosca, áspera, informe,
Que na praça apanhou.
Teu gênio vai forjar novo tesouro...
O *cobre escuro* vai mudar-se em *ouro,*
Como Fausto o sonhou!

Glória ao Mestre! Passando por seus dedos
Dói mais a dor... os risos são mais ledos...
O amor é mais do céu...
Rebenta o *ouro* desta fronte acesa!
O artista corrigiu a natureza!
O alquimista venceu!

Então surges, Ator! e do proscênio
Atiras as moedas do teu gênio
Às pasmas multidões.
Pródigo enorme! a tua enorme esmola
Cunhada pela efígie tua rola
Nos nossos corações.

Por isso agora, no teu almo dia,
Vieram dando as mãos a Poesia
E o povo, bem o vês;

Como nos tempos dessa Roma antiga
Aos pés desse outro Augusto a plebe amiga
Atirava lauréis...

Augusto! E o nome teu não se desmente...
O diadema real na vasta frente
Cinges... eu bem o sei!
Mandas no povo deste novo Lácio...
E os poetas repetem como Horácio:
"Salve! Augusto! Rei!"

São Paulo, outubro de 1868.

OS ANJOS DA MEIA-NOITE

Fotografias

I

QUANDO A INSÔNIA, qual lívido vampiro,
Como o arcanjo da guarda do Sepulcro,
Vela à noite por nós,
E banha-se em suor o travesseiro,
E além geme nas franças do pinheiro
Da brisa a longa voz...

Quando sangrenta a luz no alampadário
Estala, cresce, expira, após ressurge,
Como uma alma a penar;
E canta aos guizos rubros da loucura
A febre – a meretriz da sepultura –
A rir e a soluçar...

Quando tudo vacila e se evapora,
Muda e se anima, vive e se transforma,
Cambaleia e se esvai...
E da sala na mágica penumbra
Um mundo em trevas rápido se obumbra...
E outro das trevas sai...

....

Então... nos brancos mantos, que arregaçam
Da meia-noite os Anjos alvos passam
Em longa procissão!
E eu murmuro ao fitá-los assombrado:
São os Anjos de amor de meu passado
Que desfilando vão...

Almas, que um dia no meu peito ardente
Derramastes dos sonhos a semente,
Mulheres, que eu amei!

Anjos louros do céu! virgens serenas!
Madonas, Querubins ou Madalenas!
Surgi! aparecei!

Vinde, fantasmas! Eu vos amo ainda;
Acorde-se a harmonia à noite infinda
Ao roto bandolim...

....

E no éter, que em notas se perfuma,
As visões s'alteando uma por uma,
Vão desfilando assim!...

1ª SOMBRA

Marieta

Como o gênio da noite, que desata
O véu de rendas sobre a espádua nua,
Ela solta os cabelos... Bate a lua
Nas alvas dobras de um lençol de prata...

O seio virginal, que a mão recata,
Embalde o prende a mão... cresce, flutua...
Sonha a moça ao relento... Além na rua
Preludia um violão na serenata!...

... Furtivos passos morrem no lajedo...
Resvala a escada do balcão discreta
Matam lábios os beijos em segredo...

Afoga-me os suspiros, Marieta!
Ó surpresa! ó palor! ó pranto! ó medo!
Ai! noites de Romeu e Julieta!...

2ª SOMBRA

Bárbora

Erguendo o cálix, que o Xerez perfuma,
Loura a trança alastrando-lhe os joelhos,
Dentes níveos em lábios tão vermelhos,
Como boiando em purpurina escuma;

Um dorso de Valquíria... alvo de bruma,
Pequenos pés sob infantis artelhos,
Olhos vivos, tão vivos como espelhos,
Mas como eles também sem chama alguma;

Garganta de um palor alabastrino,
Que harmonias e músicas respira...
No lábio – um beijo... – no beijar – um hino;

Harpa eólia a esperar que o vento a fira,
– Um pedaço de mármore divino...
– É o retrato de Bárbora – a Hetaíra. –

3ª SOMBRA

Ester

Vem! no teu peito cálido e brilhante
O nardo oriental melhor transpira!...
Enrola-te na longa cachemira,
Como as Judias moles do Levante.

Alva a clâmide aos ventos – roçagante...
Túmido o lábio, onde o saltério gira...
Ó musa de Israel! pega da lira...
Canta os martírios de teu povo errante!

Mas não... brisa da pátria além revoa,
E, ao delamber-lhe o braço de alabastro,
Falou-lhe de partir... e parte... e voa...

Qual nas algas marinhas desce um astro...
Linda Ester! teu perfil se esvai... s'escoa...
Só me resta um perfume... um canto... um rastro...

4ª SOMBRA

Fabíola

Como teu riso dói... como na treva
Os lêmures respondem no infinito:
Tens o aspecto do pássaro maldito,
Que em sânie de cadáveres se ceva!

Filha da noite! A ventania leva
Um soluço de amor pungente, aflito...
Fabíola! É teu nome!... Escuta... é um grito,
Que lacerante para os céus s'eleva!...

E tu folgas, Bacante dos amores,
E a orgia, que a mantilha te arregaça,
Enche a noite de horror, de mais horrores...

É sangue, que referve-te na taça!
É sangue, que borrifa-te estas flores!
E este sangue é meu sangue... é meu... Desgraça!

5ª E 6ª SOMBRAS

Cândida e Laura

Como no tanque de um palácio mago
Dois alvos cisnes na bacia lisa,

Como nas águas, que o barqueiro frisa,
Dois nenúfares sobre o azul do lago,

Como nas hastes em balouço vago
Dois lírios roxos, que acalenta a brisa,
Como um casal de juritis, que pisa
O mesmo ramo no amoroso afago...

Quais dois planetas na cerúlea esfera,
Como os primeiros pâmpanos das vinhas,
Como os renovos nos ramais da hera,

Eu vos vejo passar nas noites minhas,
Crianças, que trazeis-me a primavera...
Crianças, que lembrais-me as andorinhas!...

7ª SOMBRA

Dulce

Se houvesse ainda talismã bendito
Que desse ao pântano – a corrente pura,
Musgo – ao rochedo, festa – à sepultura,
Das águias negras – harmonia ao grito...

Se alguém pudesse ao infeliz precito
Dar lugar no banquete da ventura...
E trocar-lhe o velar da insônia escura
No poema dos beijos – infinito...

Certo... serias tu, donzela casta,
Quem me tomasse em meio do Calvário
A cruz de angústia, que o meu ser arrasta!...

Mas se tudo recusa-me o fadário,
Na hora de expirar, ó Dulce, basta
Morrer beijando a cruz de teu rosário!...

8ª SOMBRA

Último fantasma

Quem és tu, quem és tu, vulto gracioso,
Que te elevas da noite na orvalhada?
Tens a face nas sombras mergulhada...
Sobre as névoas te libras vaporoso...

Baixas do céu num voo harmonioso!...
Quem és tu, bela e branca desposada?
Da laranjeira em flor a flor nevada
Cerca-te a fronte, ó ser misterioso!...

Onde nos vimos nós?... És doutra esfera?
És o ser que eu busquei do sul ao norte...
Por quem meu peito em sonhos desespera?...

Quem és tu? Quem és tu? – És minha sorte!
És talvez o ideal que est'alma espera!
És a glória talvez! Talvez a morte!...

Santa Isabel, agosto de 1870.

O HÓSPEDE

Choro por ver que os dias passam breves
E te esqueces de mim quando tu fores;
Como as brisas que passam doudas, leves
E não tornam atrás a ver as flores.

TEÓFILO BRAGA

"ONDE VAIS, estrangeiro! Por que deixas
O solitário albergue do deserto?
O que buscas além dos horizontes?
Por que transpor o píncaro dos montes,
Quando podes achar o amor tão perto?...

"Pálido moço! Um dia tu chegaste
De outros climas, de terras bem distantes...
Era noite!... A tormenta além rugia...
Nos abetos da serra a ventania
Tinha gemidos longos, delirantes.

"Uma buzina restrugiu no vale
Junto aos barrancos onde geme o rio...
De teu cavalo o galopar soava,
E teu cão ululando replicava
Aos surdos roncos do trovão bravio.

"Entraste! A loura chama do brasido
Lambia um velho cedro crepitante,
Eras tão triste ao lume da fogueira...
Que eu derramei a lágrima primeira
Quando enxuguei teu manto gotejante!

"Onde vais, estrangeiro? Por que deixas
Esta infeliz, misérrima cabana?
Inda as aves te afagam do arvoredo...
Se quiseres... as flores do silvedo
Verás inda nas tranças da serrana.

"Queres voltar a este país maldito
Onde a alegria e o riso te deixaram?
Eu não sei tua história... mas que importa?...
...Boia em teus olhos a esperança morta
Que as mulheres de lá te apunhalaram.

"Não partas, não! Aqui todos te querem!
Minhas aves amigas te conhecem.
Quando à tardinha volves da colina
Sem receio da longa carabina
De lajedo em lajedo as corças descem!

"Teu cavalo nitrindo na savana
Lambe as úmidas gramas em meus dedos,
Quando a *fanfarra* tocas na montanha,
A matilha dos ecos te acompanha
Ladrando pela ponta dos penedos.

"Onde vais, belo moço? Se partires
Quem será teu amigo, irmão e pajem?
E quando a negra insônia te devora,
Quem, na guitarra que suspira e chora,
Há de cantar-te seu amor selvagem?

"A choça do desterro é nua e fria!
O caminho do exílio é só de abrolhos!
Que família melhor que meus desvelos?...
Que tenda mais sutil que meus cabelos
Estrelados no pranto de teus olhos?...

"Estranho moço! Eu vejo em tua fronte
Esta amargura atroz que não tem cura.
Acaso fulge ao sol de outros países,
Por entre as balças de cheirosos lises,
A esposa que tua alma assim procura?

"Talvez tenhas além servos e amantes,
Um palácio em lugar de uma choupana,
E aqui só tens uma guitarra e um beijo,
E o fogo ardente de ideal desejo
Nos seios virgens da infeliz serrana!..."

No entanto *Ele* partiu!... Seu vulto ao longe
Escondeu-se onde a vista não alcança...
...Mas não penseis que o triste forasteiro
Foi procurar nos lares do estrangeiro
O fantasma sequer de uma esperança!...

Curralinho, 29 de abril de 1870.

AS TREVAS

(Traduzido de Lord Byron)

A meu amigo, o Dr. Franco Meireles, *inspirado tradutor das "Melodias Hebraicas".*

Tive um sonho que em tudo não foi sonho!...

O sol brilhante se apagava: e os astros,
Do eterno espaço na penumbra escura,
Sem raios, e sem trilhos, vagueavam.
A terra fria balouçava cega
E tétrica no espaço ermo de lua.
A manhã ia, vinha... e regressava...
Mas não trazia o dia! Os homens pasmos
Esqueciam no horror dessas ruínas
Suas paixões: E as almas conglobadas
Gelavam-se num grito de egoísmo
Que demandava "luz". Junto às fogueiras
Abrigavam-se... e os tronos e os palácios,
Os palácios dos reis, o albergue e a choça
Ardiam por fanais. Tinham nas chamas
As cidades morrido. Em torno às brasas
Dos seus lares os homens se grupavam,
P'ra à vez extrema se fitarem juntos.
Feliz de quem vivia junto às lavas
Dos vulcões sob a tocha alcantilada!

Hórrida esp'rança acalentava o mundo!
As florestas ardiam!... de hora em hora
Caindo se apagavam; crepitando,
Lascado o tronco desabava em cinzas.
E tudo... tudo as trevas envolviam.
As frontes ao clarão da luz doente
Tinham do inferno o aspecto... quando às vezes
As faíscas das chamas borrifavam-nas.
Uns, de bruços no chão, tapando os olhos
Choravam. Sobre as mãos cruzadas – outros –

Firmando a barba, desvairados riam.
Outros correndo à toa procuravam
O ardente pasto p'ra funéreas piras.
Inquietos, no esgar do desvario,
Os olhos levantavam p'ra o céu torvo,
Vasto sudário do universo – espectro –,
E após em terra se atirando em raivas,
Rangendo os dentes, blásfemos, uivavam!

Lúgubre grito os pássaros selvagens
Soltavam, revoando espavoridos
Num voo tonto co'as inúteis asas!
As feras 'stavam mansas e medrosas!
As víboras rojando s'enroscavam
Pelos membros dos homens, sibilantes,
Mas sem veneno... a fome lhes matavam!
E a guerra, que um momento s'extinguira,
De novo se fartava. Só com sangue
Comprava-se o alimento, e após à parte
Cada um se sentava taciturno,
P'ra fartar-se nas trevas infinitas!
Já não havia amor!... O mundo inteiro
Era um só pensamento, e o pensamento
Era a morte sem glória e sem detença!
O estertor da fome apascentava-se
Nas entranhas... Ossada ou carne pútrida
Ressupino, insepulto era o cadáver.

Mordiam-se entre si os moribundos:
Mesmo os cães se atiravam sobre os donos,
Todos exceto um só... que defendia
O cadáver do seu, contra os ataques
Dos pássaros, das feras e dos homens,
Até que a fome os extinguisse, ou fossem
Os dentes frouxos saciar algures!
Ele mesmo alimento não buscava...
Mas, gemendo num uivo longo e triste,

Morreu lambendo a mão, que inanimada
Já não podia lhe pagar o afeto.

Faminta a multidão morrera aos poucos.
Escaparam dous homens tão-somente
De uma grande cidade. E se odiavam
...Foi junto dos tições quase apagados
De um altar, sobre o qual se amontoaram
Sacros objetos p'ra um profano uso,
Que encontraram-se os dous... e, as cinzas mornas
Reunindo nas mãos frias de espectros,
De seus sopros exaustos ao bafejo
Uma chama irrisória produziram!...
Ao clarão que tremia sobre as cinzas
Olharam-se e morreram dando um grito.
Mesmo da própria hediondez morreram,
Desconhecendo aquele em cuja fronte
Traçara a fome o nome de Duende!

O mundo fez um vácuo. A terra esplêndida,
Populosa tornou-se numa massa
Sem estações, sem árvores, sem erva.
Sem verdura, sem homens e sem vida,
Caos de morte, inanimada argila!
Calaram-se o oceano, o rio, os lagos!
Nada turbava a solidão profunda!
Os navios no mar apodreciam
Sem marujos! os mastros desabando
Dormiam sobre o abismo, sem que ao menos
Uma vaga na queda alevantassem,
Tinham morrido as vagas! e jaziam
As marés no seu túmulo... antes delas
A lua que as guiava era já morta!
No estagnado céu murchara o vento;
Esvaíram-se as nuvens. E nas trevas
Era só trevas o universo inteiro.

Bahia, 23 de dezembro.

AVES DE ARRIBAÇÃO

Pensava em ti nas horas de tristeza
Quando estes versos pálidos compus,
Cercavam-me planícies sem beleza,
Pesava-me na fronte um céu sem luz.

Ergue este ramo solto no caminho.
Sei que em teu seio asilo encontrará.
Só tu conheces o secreto espinho
Que dentro d'alma me pungindo está.
FAGUNDES VARELA

Aves, é primavera! à rosa! à rosa!
TOMÁS RIBEIRO

I

ERA O TEMPO em que as ágeis andorinhas
Consultam-se na beira dos telhados,
E inquietas conversam, perscrutando
Os pardos horizontes carregados...

Em que as rolas e os verdes periquitos
Do fundo do sertão descem cantando...
Em que a tribo das aves peregrinas
Os *Zíngaros* do céu formam-se em bando!

Viajar! viajar! A brisa morna
Traz de outro clima os cheiros provocantes.
A primavera desafia as asas,
Voam os passarinhos e os amantes!...

II

Um dia *Eles* chegaram. Sobre a estrada
Abriram à tardinha as persianas;

E mais festiva a habitação sorria
Sob os festões das trêmulas lianas.

Quem eram? Donde vinham? – Pouco importa
Quem fossem da casinha os habitantes.
– São noivos – : as mulheres murmuravam!
E os pássaros diziam: – São amantes –!

Eram vozes – que uniam-se co'as brisas!
Eram risos – que abriam-se co'as flores!
Eram mais dois clarões – na primavera!
Na festa universal – mais dous amores!

Astros! Falai daqueles olhos brandos.
Trepadeiras! Falai-lhe dos cabelos!
Ninhos d'aves! dizei, naquele seio,
Como era doce um pipilar d'anelos.

Sei que ali se ocultava a mocidade...
Que o idílio cantava noite e dia...
E a casa branca à beira do caminho
Era o asilo do amor e da poesia.

Quando a noite enrolava os descampados,
O monte, a selva, a choça do serrano,
Ouviam-se, alongando à paz dos ermos,
Os sons doces, plangentes de um piano.

Depois suave, plena, harmoniosa
Uma voz de mulher se alevantava...
E o pássaro inclinava-se das ramas
E a estrela do infinito se inclinava.

E a voz cantava o *tremolo* medroso
De uma ideal sentida *barcarola*...
Ou nos ombros da noite desfolhava
As notas petulantes da Espanhola!

III

Às vezes, quando o sol nas matas virgens
A fogueira das tardes acendia,
E como a ave ferida ensanguentava
Os píncaros da longa serrania,

Um grupo destacava-se amoroso,
Tendo por tela a opala do infinito,
Dupla estátua do amor e mocidade
Num pedestal de musgos e granito.

E embaixo o vale a descantar saudoso
Na cantiga das moças lavadeiras!...
E o riacho a sonhar nas canas bravas.
E o vento a s'embalar nas trepadeiras.

Ó crepúsculos mortos! Voz dos ermos!
Montes azuis! Sussurros da floresta!
Quando mais vós tereis tantos afetos
Vicejando convosco em vossa festa?...

E o sol poente inda lançava um raio
Do *caçador* na longa carabina...
E sobre a fronte d'*Ela* por diadema
Nascia ao longe a estrela vespertina.

IV

É noite! Treme a lâmpada medrosa
Velando a longa noite do *poeta*...
Além, sob as cortinas transparentes
Ela dorme... formosa Julieta!

Entram pela janela quase aberta
Da meia-noite os preguiçosos ventos
E a lua beija o seio alvinitente
– Flor que abrira das noites aos relentos.

O Poeta trabalha!... A fronte pálida
Guarda talvez fatídica tristeza...
Que importa? A inspiração lhe acende o verso
Tendo por musa – o amor e a natureza!

E como o cáctus desabrocha a medo
Das noites tropicais na mansa calma,
A estrofe entreabre a pétala mimosa
Perfumada da essência de sua alma.

No entanto *Ela* desperta... num sorriso
Ensaia um beijo que perfuma a brisa...
...A Casta-diva apaga-se nos montes...
Luar de amor! acorda-te, Adalgisa!

V

Hoje a casinha já não abre à tarde
Sobre a estrada as alegres persianas.
Os ninhos desabaram... no abandono
Murcharam-se as grinaldas de lianas.

Que é feito do viver daqueles tempos?
Onde estão da casinha os habitantes?
...A Primavera, que arrebata as asas...
Levou-lhe os passarinhos e os amantes!...

Curralinho, 1870.

OS PERFUMES

A. L.

> O sândalo é o perfume das mulheres de Estambul, e das huris do profeta; como as borboletas, que se alimentam do mel, a mulher do Oriente vive com as gotas dessa essência divina.
>
> J. de Alencar

O perfume é o invólucro invisível,
Que encerra as formas da mulher bonita.
Bem como a salamandra em chamas vive,
Entre perfumes a sultana habita.

Escrínio aveludado onde se guarda
– Colar de pedras – a beleza esquiva,
Espécie de crisálida, onde mora
A borboleta dos salões – a Diva.

Alma das flores – quando as flores morrem,
Os perfumes emigram para as belas,
Trocam lábios de virgens – por boninas,
Trocam lírios – por seios de donzelas!

E ali – silfos travessos, traiçoeiros
Voam cantando em lânguido compasso
Ocultos nesses cálices macios
Das covinhas de um rosto ou dum regaço.

Vós, que não entendeis a lenda oculta,
A linguagem mimosa dos aromas,
De Madalena a urna olhais apenas
Como um primor de orientais redomas;

E não vedes que ali na mirra e nardo
Vai toda a crença da Judia loura...

E que o óleo, que lava os pés do Cristo,
É uma reza também da pecadora.

Por mim eu sei que há confidências ternas,
Um poema saudoso, angustiado,
Se uma rosa de há muito emurchecida,
Rola acaso de um livro abandonado.

O espírito talvez dos tempos idos
Desperta ali como invisível nume...
E o poeta murmura suspirando:
"Bem me lembro... era este o *seu* perfume!"

E que segredo não revela acaso
De uma mulher a predileta essência?
Ora o cheiro é lascivo e provocante!
Ora casto, infantil, como a inocência!

Ora propala os sensuais anseios
D'alcova de Ninon ou Margarida,
Ora o mistério divinal do leito,
Onde sonha Cecília adormecida.

Aqui, na magnólia de Celuta
Lambe a solta madeixa, que se estira.
Unge o bronze do dorso da cabocla,
E o mármore do corpo da Hetaíra.

É que o perfume denuncia o espírito
Que sob as formas feminis palpita...
Pois como a salamandra em chamas vive,
Entre perfumes a mulher habita.

Curralinho, 21 de junho de 1870.

IMMENSIS ORBIBUS ANGUIS

Sibila lambebant linguis vibrantibus ora.

VIRGÍLIO

I

RESVALA em fogo o sol dos montes sobre a espalda,
E lustra o dorso nu da índia americana...
Na selva zumbe entanto o inseto de esmeralda,
E pousa o colibri nas flores da liana.

Ali – a luz cruel, a calmaria intensa!
Aqui – a sombra, a paz, os ventos, a cascata...
E a pluma dos bambus a tremular imensa...
E o canto de aves mil... e a solidão... e a mata...

E à hora em que, fugindo aos raios da esplanada,
A Indígena, a gentil matrona do deserto
Amarra aos palmeirais a rede mosqueada,
Que, leve como um berço, embala o vento incerto...

Então ela abandona-lhe ao beijo apaixonado
A perna a mais formosa – o corpo o mais macio,
E, as pálpebras cerrando, ao filho bronzeado
Entrega um seio nu, moreno, luzidio.

Porém, dentre os espatos esguios do coqueiro,
Do verde gravatá nos cachos reluzentes,
Enrosca-se e desliza um corpo surrateiro
E desce devagar pelos cipós pendentes.

E desce... e desce mais... à rede já se chega...
Da índia nos cabelos a longa cauda some...
Horror! aquele horror ao peito eis que se apega!
A baba – quer o leite! – A chaga – sente fome!

O veneno – quer mel! A escama quer a pele!
Quer o almíscar – perfume! – O imundo quer – o belo!
A língua do reptil – lambendo o seio imbele!...
Uma *cobra* – por filho... Horrível pesadelo!...

II

Assim, minh'alma, assim um dia adormeceste
Na floresta ideal da ardente mocidade...
Abria a fantasia – a pétala celeste...
Zumbia o sonho d'ouro em doce obscuridade...

Assim, minh'alma deste o seio (ó dor imensa!)
Onde a paixão corria indômita e fremente!
Assim bebeu-te a vida, a mocidade e a crença,
Não boca de mulher... mas de fatal serpente!...

Rio de Janeiro, 13 de outubro de 1869.

A UMA ATRIZ

(No seu benefício)

Branco cisne, que vogavas
Das harmonias no mar,
Pomba errante de outros climas,
Vieste aos cerros pousar.
Inda bem. Sob os palmares
Na voz do condor, dos mares,
Das serranias, dos céus...
Sente o homem – que é poeta.
Sente o vate – que é profeta
Sente o profeta – que é Deus.

Há alguma cousa de grande
Deste mundo na amplidão,
Como que a face do Eterno
Palpita na criação...
E o homem que olha o deserto,
Diz consigo: "Deus 'stá perto
Que a grandeza é o Criador".
E, sob as paternas vistas,
Larga rédeas às conquistas,
Pede as asas ao condor.

Inda bem. A glória é isto...
É ser tudo... é ser qual Deus...
Agitar as selvas d'alma
Ao sopro dos lábios teus...
Dizer ao peito – suspira!
Dizer à mente – delira!
A glória inda é mais: É ver
Homens, que tremem – se tremes!
Homens, que gemem – se gemes!
Que morrem – se vais morrer!

A glória é ter com o tridente
Refreada a multidão,
– Oceano de pensamentos
Que tu agitas co'a mão!
– Montanha feita de ideias,
Que sustenta as epopeias
Que é do gênio pedestal!
– Harpa imensa feita de almas,
Que rompe em hinos e palmas,
Ao teu toque divinal.

Mas esqueceste... Não basta
"Chegar, olhar e vencer"
Do gênio a maior grandeza
O ser divino é sofrer.
Diz!... Quando ouves a torrente
Do entusiasmo na enchente
Vir espumar-te lauréis;
Nest'hora grande não sentes
Longe os silvos das serpentes,
Que tentam morder-te os pés?

Inda é a glória – rainha
Que jamais caminha só.
Aí! Quem sobe ao Capitólio
Vai precedido de pó.
Porém tu zombas da inveja...
Se à noite o raio lampeja
Tu fazes dele um clarão!
Pela tormenta embalada
Ao som da orquestra arroubada
Vais-te perder n'amplidão.

Recife, 27 de setembro de 1866.

CANÇÃO DO BOÊMIO

(Recitativo da "meia hora de cinismo")

COMÉDIA DE COSTUMES ACADÊMICOS

Música de Emílio do Lago

Que noite fria! Na deserta rua
Tremem de medo os lampiões sombrios.
Densa *garoa* faz fumar a lua,
Ladram de tédio vinte cães vadios.

Nini formosa! por que assim fugiste?
Embalde o tempo à tua espera conto.
Não vês, não vês?... Meu coração é triste
Como um calouro quando leva *ponto*.

A passos largos eu percorro a sala
Fumo um cigarro, que filei na *escola*...
Tudo no quarto de Nini me fala
Embalde fumo... tudo aqui me *amola*.

Diz-me o relógio *cinicando* a um canto
"Onde está ela que não veio ainda?"
Diz-me a poltrona "por que tardas tanto?
Quero aquecer-te, rapariga linda".

Em vão a luz da crepitante vela
De Hugo clareia uma canção ardente;
Tens um idílio – em tua fronte bela...
Um ditirambo – no teu seio quente...

Pego o compêndio... inspiração sublime
P'ra adormecer... inquietações tamanhas...
Violei à noite o domicílio, ó crime!
Onde dormia uma nação... de aranhas...

Morrer de frio quando o peito é brasa...
Quando a paixão no coração se aninha!?...
Vós todos, todos, que dormis em casa,
Dizei se há dor, que se compare à minha!...

Nini! o horror deste sofrer pungente
Só teu sorriso neste mundo acalma...
Vem aquecer-me em teu olhar ardente...
Nini! tu és o *cache-nez* dest'alma.

Deus do Boêmio!... São da mesma raça
As andorinhas e o meu anjo louro...
Fogem de mim se a *primavera* passa
Se já nos campos não há flores de *ouro...*

E tu fugiste, pressentindo o inverno.
Mensal inverno do viver boêmio...
Sem te lembrar que por um riso terno
Mesmo eu tomara a *primavera a prêmio...*

No entanto ainda do Xerez fogoso
Duas garrafas guardo ali... *Que minas!*
Além de um lado o violão saudoso
Guarda no seio inspirações divinas...

Se tu viesses... de meus lábios tristes
Rompera o canto... Que esperança inglória...
Ela esqueceu o que jurar lhe vistes
Ó Pauliceia, ó Ponte-grande, ó Glória!...

Batem!... que vejo! Ei-la afinal comigo...
Foram-se as trevas... fabricou-se a luz...
Nini! pequei... dá-me exemplar castigo!
Sejam teus braços... do martírio a cruz!...

S. Paulo, junho de 1868.

É TARDE!

Olha-me, ó virgem, a fronte!
Olha-me os olhos sem luz!
A palidez do infortúnio
Por minhas faces transluz;
Olha, ó virgem – não te iludas –
Eu só tenho a lira e a cruz.

JUNQUEIRA FREIRE

É tarde! É muito tarde!

MONT'ALVERNE

É TARDE! É muito tarde! O templo é negro...
O fogo-santo já no altar não arde.
Vestal! não venhas tropeçar nas piras...
É tarde! É muito tarde!

Treda noite! E minh'alma era o sacrário,
A lâmpada do amor velava entanto,
Virgem flor enfeitava a borda virgem
Do vaso sacrossanto.

Quando Ela veio – a negra feiticeira –
A libertina, lúgubre bacante,
Lascivo olhar, a trança desgrenhada,
A roupa gotejante.

Foi minha crença – o vinho dessa orgia,
Foi minha vida – a chama que apagou-se,
Foi minha mocidade – o toro lúbrico,
Minh'alma – o tredo alcouce.

E tu, visão do céu! Vens tateando
O abismo onde uma luz sequer não arde?
Ai! não vás resvalar no chão lodoso...
É tarde! É muito tarde!

Ai! não queiras os restos do banquete!
Não queiras esse leito conspurcado!
Sabes? meu beijo te manchara os lábios
Num beijo profanado.

A flor do lírio de celeste alvura
Quer da lucíola o pudico afago...
O cisne branco no arrufar das plumas
Quer o aljôfar do lago.

É tarde! A rola meiga do deserto
Faz o ninho na moita perfumada...
Rola de amor! não vás ferir as asas
Na ruína gretada.

Como o templo, que o crime encheu de espanto,
Ermo e fechado ao fustigar do norte,
Nas ruínas desta alma a raiva geme...
E cresce o cardo – a morte –.

Ciúme! dor! sarcasmo! – Aves da noite!
Vós povoais-me a solidão sombria,
Quando nas trevas a tormenta ulula
Um uivo de agonia!...

....

É tarde! Estrela-d'alva! o lago é turvo.
Dançam *fogos* no pântano sombrio.
Pede a Deus que dos céus as cataratas
Façam do brejo – um rio!

Mas não...! Somente as vagas do sepulcro
Hão de apagar o fogo que em mim arde...
Perdoa-me, Senhora!... Eu sei que morro...
É tarde! É muito tarde!...

Rio de Janeiro, 3 de novembro de 1869.

A MEU IRMÃO GUILHERME DE CASTRO ALVES

NA CORDILHEIRA altíssima dos Andes
Os Chimborazos solitários, grandes
Ardem naquelas hibernais regiões.
Ruge embalde e fumega a solfatera...
É dos lábios sangrentos da cratera
Que a avalanche vacila aos furacões.

A escória rubra com os geleiros brancos
Misturados resvalam pelo flancos
Dos ombros friorentos do vulcão...
....

Assim, Poeta, é tua vida imensa,
Cerca-te o gelo, a morte, a indiferença...
E são lavas lá dentro o coração.

Curralinho, julho de 1870.

QUANDO EU MORRER

> Eu morro, eu morro. A matutina brisa
> Já não me arranca um riso. A rósea tarde
> Já não me doura as descoradas faces
> Que gélidas se encovam.
>
> JUNQUEIRA FREIRE

QUANDO EU morrer... não lancem meu cadáver
No fosso de um sombrio cemitério...
Odeio o mausoléu que espera o morto
Como o viajante desse hotel funéreo.

Corre nas veias negras desse mármore
Não sei que sangue vil de messalina,
A cova, num bocejo indiferente,
Abre ao primeiro a boca libertina.

Ei-la a nau do sepulcro – o cemitério...
Que povo estranho no porão profundo!
Emigrantes sombrios que se embarcam
Para as plagas sem fim do outro mundo.

Tem os fogos – errantes – por santelmo.
Tem por velame – os panos do sudário...
Por mastro – o vulto esguio do cipreste,
Por gaivotas – o mocho funerário...

Ali ninguém se firma a um braço amigo
Do inverno pelas lúgubres noitadas...
No tombadilho indiferentes chocam-se
E nas trevas esbarram-se as ossadas...

Como deve custar ao pobre morto
Ver as plagas da vida além perdidas,
Sem ver o branco fumo de seus lares
Levantar-se por entre as avenidas!...

Oh! perguntai aos frios esqueletos
Por que não têm o coração no peito...
E um deles vos dirá “Deixei-o há pouco
De minha amante no lascivo leito”.

Outro: “Dei-o a meu pai”. Outro: “Esqueci-o
Nas inocentes mãos de meu filhinho”...
...Meus amigos! Notai... bem como um pássaro
O coração do morto volta ao ninho!...

S. Paulo, março de 1869.

UMA PÁGINA DE ESCOLA REALISTA

DRAMA CÔMICO EM QUATRO PALAVRAS

A tragédia me faz rir, a comédia me faz chorar.
E o drama? Nem rir, nem chorar...
(Pensamento de CARNIOLI)

CENÁRIO

A ALCOVA é fria e pequena
Abrindo sobre um jardim.
A tarde frouxa e serena
Já desmaia para o fim.
No centro um leito fechado
Deixa o longo cortinado
Sobre o tapete rolar...
Há, nas jarras deslumbrantes,
Camélias frias, brilhantes,
Lembrando a neve polar.

Livros esparsos por terra,
Uma harpa caída além;
E essa tristeza, que encerra
O asilo, onde sofre alguém.
Fitas, máscaras e flores
Não sei que vagos odores
Falam de amor e prazer.
Além da frouxa penumbra
Um vulto incerto ressumbra
– O vulto de uma mulher.

Vous, qui volez là-bas, légères hirondelles
Dites-moi, dites-moi, pourquoi vais-je mourir!
MUSSET

Mário (*no leito*)

É tarde! É tarde! Abri-me estas cortinas
Deixai que a luz me acaricie a fronte!...
Ó sol, ó noivo das regiões divinas,
Suspende um pouco a luz neste horizonte!

Sílvia (*abrindo a janela*)

Da noite o frio vento te regela
O mórbido suor...

Mário

   Oh! que me importa?
A tarde doura-me o suor da fronte...
– Último louro desta vida morta!

Crepusc'lo! mocidade! natureza!
Inundai de fulgor meu dia extremo...
Quero banhar-me em vagas de harmonia,
Como no lago se mergulha o remo!

E que amores que sonham as esferas!
A brisa é de volúpia um calafrio.
A estrela sai das folhas do infinito,
Sai dos musgos o verme luzidio...

Tudo que vive, que palpita e sente
Chama o par amoroso para a sombra.
O pombo arrula – preparando o ninho,
A abelha zumbe – preparando a alfombra.

As trevas rolam como as tranças negras,
Que a Andaluza desmancha em mago enleio;
E entre rendas sutis surge medrosa
A lua plena, qual moreno seio.

Abre-se o ninho... o cálice... o regaço...
Anfitrite, corando, aguarda o noivo...

(*Longa pausa*)

E tu também esperas teu esposo,
Ó morte! ó moça, que engrinalda o goivo!

SÍLVIA (*a meia voz, acompanhando-se na guitarra*)

Dizem as moças galantes
Que as rolas são tão constantes...
  Pois será?
Que morrendo-lhe os amantes,
Morrem de fome, arquejantes,
  Quem dirá?

Dizem sábios arrogantes
Que nestas terras distantes,
  Não por cá,
Sobre piras fumegantes
Morrem viúvas constantes,
  Pois será?

Não creio nos navegantes
Nem nas histórias galantes,
  Que há por lá.
Fome e fogueiras brilhantes
  Cá não há...
Mas inda morrem amantes
De saudades lacerantes
  Quem dirá?

(*Aos últimos arpejos cai-lhe uma lágrima.*)

MÁRIO (*vendo-a chorar*)

Sílvia! Deixa rolar sobre a guitarra,
Da lágrima a harmonia peregrina!
Sílvia! cantando – és a mulher formosa!
Sílvia! chorando – és a mulher divina!

Oh! lágrimas e pérolas! – aljôfares
Que rebentais no interno cataclismo,
Do oceano – este dédalo insondável!
Do coração – este profundo abismo!

Sílvia! dá-me a beber a gota d'água,
Nessa pálpebra roxa como o lírio...
Como lambe a gazela o brando orvalho
Nas largas folhas do deserto assírio.

E quando est'alma desdobrando as asas
Entrar do céu na região serena
Como uma estrela eu levarei nos dedos
Teu pranto sideral, ó Madalena!...

Sílvia (*tem-se ajoelhado aos pés do leito*)

Meus prantos sirvam apenas
P'ra umedecer teus cabelos,
Como da corça nos velos
Fresco orvalho a resvalar!
P'ra molhar a flor, que aspires,
Rolem prantos de meus olhos,
P'ra atravessar os escolhos
Mcus prantos manda rolar!...

Meus prantos sirvam apenas
P'ra a terra, em que tu pisares,
P'ra a sede, em que te abrasares,
Terás meu sangue, Senhor!
Meus prantos são óleo humilde
Que eu derramo a tuas plantas...

Mário (*estende-lhe os braços*)

Mas se acaso me levantas
Meus prantos dizem-te amor!...

Mário (*tendo-a contra o seio*)

Sentir que a vida vai fugindo aos poucos
Como a luz, que desmaia no ocidente...
E boiar sobre as ondas do sepulcro,
Como Ofélia nas águas da corrente...

Sentir o sangue espanadar do peito
– Licor de morte – sobre a boca fria,
E meu lábio enxugar nos teus cabelos,
Como Rolla nas tranças de Maria.

De teus braços fazer o diadema
De minha vida, que desmaia insana,
Esquecer o passado em teu regaço,
Como Byron aos pés da Italiana;

Em teu lábio molhado e perfumoso
O licor entornar de minha vida...
Escutar-te nas vascas da agonia,
Como Fausto as canções de Margarida!...

Eis como eu quero – na embriaguez da morte...
Do banquete no chão pender a fronte...
Inda a taça empunhando de teus beijos
Sob as rosas gentis de Anacreonte!...

(*A noite tem descido pouco a pouco, o luar penetrando pela alcova alumia o grupo dos amantes.*)

Sílvia

Que palidez, meu poeta,
Se estende na face tua!...

Mário

São os raios descorados,
Os alvos raios da lua!

SÍLVIA

Mas um suor de agonia
Teu peito ardente tressua...

MÁRIO

São os orvalhos, que descem
Ao frio clarão da lua.

SÍLVIA

Que mancha é esta sangrenta,
Que no teu lábio flutua?

MÁRIO

São as sombras de uma nuvem
Que tolda a face da lua!

SÍLVIA

Como teus dedos esfriam
Sobre minha espádua nua!...

MÁRIO (d*istraído*)

Não vês um anjo, que desce,
No frouxo clarão da lua?...

SÍLVIA

Mário? Não vês quem te chama?...
Tua amante... Sílvia... a tua...

MÁRIO (*desmaiando*)

É a morte que me leva
Num frio raio da lua!...

(*O poeta cai semimorto sobre o leito. No espasmo sua mão contraída prende uma trança da moça.*)

Sílvia

Teus brancos dedos fecharam
De meu cabelo a madeixa,
Tua amante não se queixa...
Bem vês... cativa ficou.
Mas não se prende o desejo
Que n'alma acaso se aninha!...
Nunca viste a andorinha,
Que alegre o fio quebrou?

(*Ouve-se um relógio dar horas.*)

Já! tão tarde! E embalde tento
Abrir-te os dedos fechados...
Como frios cadeados,
Que o teu amor me lançou.
Porém se aqui me cativas
Minh'alma foge-te asinha...
Nunca viste a andorinha
Que alegre o fio quebrou!

(*Debruça-se a escrever numa carteira.*)

"Paulo! Vem à meia-noite...
Mário morre! Mário expira!
Vem que minha alma delira
E embalde cativa estou..."

Mário (*que tem lido por cima de seu ombro*)

Sílvia! a morte abre-me os dedos,
És livre, Sílvia... caminha!
(*morrendo*)
Minh'alma é como a andorinha,
Que alegre o fio quebrou.

1870.

COUP D'ETRIER

É PRECISO partir! Já na calçada
Retinem as esporas do arrieiro;
Da mula a ferradura tacheada
Impaciente chama o cavaleiro;
A espaços ensaiando uma toada
Sincha as bestas o lépido tropeiro...
Soa a celeuma alegre da partida,
O pajem firma o loro e empunha a brida.

Já do largo deserto o sopro quente
Mergulha perfumado em meus cabelos.
Ouço das selvas a canção cadente
Segredando-me incógnitos anelos.
A voz dos servos pitoresca, ardente
Fala de amores férvidos, singelos...
Adeus! Na folha rota de meu fado
Traço ainda um – adeus – ao meu passado.

Um adeus! E depois morra no olvido
Minha história de luto e de martírio,
As horas que eu vaguei louco, perdido
Das cidades no tétrico delírio;
Onde em pântano turvo, apodrecido
D'íntimas flores não rebenta um lírio...
E no drama das noites do prostíbulo
É mártir – alma... a saturnal – patíbulo!

Onde o Gênio sucumbe na asfixia
Em meio à turba alvar e zombadora;
Onde Musset suicida-se na orgia,
E Chatterton na fome aterradora!
Onde, à luz de uma lâmpada sombria,
O Anjo da Guarda ajoelhado chora,
Enquanto a cortesã lhe apanha os prantos
P'ra realce dos lúbricos encantos!...

Abre-me o seio, ó Madre Natureza!
Regaços da floresta americana,
Acalenta-me a mádida tristeza
Que da vaga das turbas espadana.
Troca dest'alma a fria morbideza
Nessa ubérrima seiva soberana!...
O *Pródigo*... do lar procura o trilho...
Natureza! Eu voltei... e eu sou teu filho!

Novo alento selvagem, grandioso
Trema nas cordas desta frouxa lira.
Dá-me um plectro bizarro e majestoso,
Alto como os ramais da sicupira.
Cante meu gênio o dédalo assombroso
Da floresta que ruge e que suspira,
Onde a víbora lambe a parasita...
E a onça fula o dorso pardo agita!

Onde em cálix de flor imaginária
A cobra de coral rola no orvalho,
E o vento leva a um tempo o canto vário
D'araponga e da serpe de chocalho...
Onde a soidão é o magno estradivário...
Onde há músc'los em fúria em cada galho,
E as raízes se torcem quais serpentes...
E os monstros jazem no ervaçal dormentes.

E se eu devo expirar... se a fibra morta
Reviver já não pode a tanto alento...
Companheiro! Uma cruz na selva corta
E planta-a no meu tosco monumento!...
Da chapada nos ermos... (o qu'importa?)
Melhor o inverno chora... e geme o vento.
E Deus para o poeta o céu desata
Semeado de lágrimas de prata!...

Curralinho, 1 de junho de 1870.

NOTAS

Prólogo

"Era por uma dessas tardes... etc."

Era por uma dessas noites vagarosas do inverno, em que o brilho de um céu sem lua é vivo e trêmulo; em que o gemer das selvas é profundo e longo; em que a solenidade das praias e ribas fragosas do oceano é absoluta e tétrica.

(Eurico – cap. 4.°)

"Ao Dous de Julho"

"Riachuelo e Cabrito... etc."

Destes nomes, o primeiro (todos o sabem) recorda a mais gloriosa batalha ferida em águas da América do Sul; o segundo (menos conhecido talvez) lembra um glorioso feito d'armas dos tempos da Independência.

A bravura é uma herança nesta nobre terra! E o passado pode repetir ao presente como o D. Diègue de Corneille:

"Montre-toi digne fils d'un père tel que moi."

"Sub Tegmine Fagi"

"Como no *Dante* a pálida *Francesca.*"

Francesca da Rimini é deveras a rosa pálida das estrofes do Inferno Dantesco.

"A Maciel Pinheiro"

Maciel Pinheiro é um destes moços que simbolizam o entusiasmo e a coragem, a independência e o talento, nas Academias. Poeta e jornalista o moço estudante, aos reclamos da pátria, improvisou-se soldado. Hoje que o tempo e a distância nos separam é-me grato falar de um dos mais nobres caracteres que tenho conhecido.

"As Trevas e a Taça"

Oferecendo estas traduções ao Dr. Franco Meireles, o autor junta a um tributo de amizade um preito de admiração ao mimoso e festejado tradutor das *Melodias Hebraicas* do poeta inglês.

"Os Jesuítas"

Esta poesia é o verso de uma medalha, cujo reverso (– Os Frades –) sairá talvez em outro livro, que o autor imagina publicar.

Como quer que seja, talvez fosse mais próprio o título de – Apóstolos –, estas palavras porém são ou foram sinônimos na América do Sul. Que o digam Nóbrega e Anchieta.

"Versos de um Viajante"

"Os pirilampos que trazeis nas coifas" etc.

É uma graciosa invenção dos *Trabalhadores do Mar* onde se lê que "as moças do Rio de Janeiro assim, à noite, parecem trazer estrelas no toucado".

“Murmúrios da Tarde”

“E como a foice que no chão fulgura
“Mostrava a lua o semicírculo d’ouro, etc.”

Creio ter visto nas *Orientais* ou algures uma imagem semelhante.

“As Duas Ilhas”

Victor Hugo escreveu – As duas ilhas – a Napoleão.

Ajácio e Santa Helena – berço e túmulo do herói – justificam o título dessa ode sublime.

Os presentes versos têm por assunto Jersey e Santa Helena, Hugo e Napoleão. – Duas enormes peanhas – para dois enormes vultos.

Há não sei que semelhanças nestes dois perfis (aliás tão distintos) que e espírito do pensador os reúne numa fraternidade lógica.

Parece que, se Hugo tivesse sido guerreiro, chamar-se-ia Napoleão; e que o herói de Austerlitz – poeta, escreveria Lucrécia Bórgia. E depois serem gênios não é serem irmãos? E depois não é predestinação esta confraternidade de exílio? estes dois postes? estes dois mares? estas duas solidões? A Europa os irmanou, arrojando-os do Continente... a estes dois leprosos... de divindade.

O autor quis apenas denunciar a razão de ser destes versos, de cujo mérito ele nem ousa falar, depois de haver pronunciado tais nomes.

“A Meu Irmão Guilherme”

“Na cordilheira altíssima dos Andes, etc.”

Lê-se no Cosmos, de Humboldt:

"Les volcans qui s'élèvent au dessus de la limite des neiges perpétuelles, comme ceux de la chaine des Andes, présentent des phénomènes particuliers. Les masses de neige qui les recouvrent fondent subitement pendant les éruptions et produisent des inondations redoutables, des torrents, qui entrainent pêle-mêle des blocs de glace et des scories fumantes", etc.

"Quando eu Morrer"

Estes versos foram escritos quando julgava o autor repousar em terra estranha.

A febre e o sofrimento fizeram que eles ficassem truncados. Completá-los mais tarde seria de alguma sorte tirar-lhes o único mérito, que por acaso têm.

FIM DE
ESPUMAS FLUTUANTES

Coleção **L&PM** POCKET

200.**111 ais** – Dalton Trevisan
201.**O nariz** – Nicolai Gogol
202.**O capote** – Nicolai Gogol
203.**Macbeth** – William Shakespeare
204.**Heráclito** – Donaldo Schüler
205.**Você deve desistir, Osvaldo** – Cyro Martins
206.**Memórias de Garibaldi** – A. Dumas
207.**A arte da guerra** – Sun Tzu
208.**Fragmentos** – Caio Fernando Abreu
209.**Festa no castelo** – Moacyr Scliar
210.**O grande deflorador** – Dalton Trevisan
212.**Homem do princípio ao fim** – Millôr Fernandes
213.**Aline e seus dois namorados (1)** – A. Iturrusgarai
214.**A juba do leão** – Sir Arthur Conan Doyle
216.**Confissões de um comedor de ópio** – Thomas De Quincey
217.**Os sofrimentos do jovem Werther** – Goethe
218.**Fedra** – Racine / Trad. Millôr Fernandes
219.**O vampiro de Sussex** – Conan Doyle
220.**Sonho de uma noite de verão** – Shakespeare
221.**Dias e noites de amor e de guerra** – Galeano
222.**O Profeta** – Khalil Gibran
223.**Flávia, cabeça, tronco e membros** – M. Fernandes
224.**Guia da ópera** – Jeanne Suhamy
225.**Macário** – Álvares de Azevedo
226.**Etiqueta na prática** – Celia Ribeiro
227.**Manifesto do Partido Comunista** – Marx & Engels
228.**Poemas** – Millôr Fernandes
229.**Um inimigo do povo** – Henrik Ibsen
230.**O paraíso destruído** – Frei B. de las Casas
231.**O gato no escuro** – Josué Guimarães
232.**O mágico de Oz** – L. Frank Baum
234.**Max e os felinos** – Moacyr Scliar
235.**Nos céus de Paris** – Alcy Cheuiche
236.**Os bandoleiros** – Schiller
237.**A primeira coisa que eu botei na boca** – Deonísio da Silva
238.**As aventuras de Simbad, o marújo**
239.**O retrato de Dorian Gray** – Oscar Wilde
240.**A carteira de meu tio** – J. Manuel de Macedo
241.**A luneta mágica** – J. Manuel de Macedo
242.**A metamorfose** – Franz Kafka
243.**A flecha de ouro** – Joseph Conrad
244.**A ilha do tesouro** – R. L. Stevenson
245.**Marx - Vida & Obra** – José A. Giannotti
246.**Gênesis**
247.**Unidos para sempre** – Ruth Rendell
248.**A arte de amar** – Ovídio
250.**Novas receitas do Anonymus Gourmet** – J.A.P.M.
251.**A nova catacumba** – Arthur Conan Doyle
252.**Dr. Negro** – Arthur Conan Doyle
253.**Os voluntários** – Moacyr Scliar
254.**A bela adormecida** – Irmãos Grimm
255.**O príncipe sapo** – Irmãos Grimm
256.**Confissões** *e* **Memórias** – H. Heine
257.**Viva o Alegrete** – Sergio Faraco
259.**A senhora Beate e seu filho** – Schnitzler
260.**O ovo apunhalado** – Caio Fernando Abreu
261.**O ciclo das águas** – Moacyr Scliar
262.**Millôr Definitivo** – Millôr Fernandes
264.**Viagem ao centro da Terra** – Júlio Verne
266.**Caninos brancos** – Jack London
267.**O médico e o monstro** – R. L. Stevenson
268.**A tempestade** – William Shakespeare
269.**Assassinatos na rua Morgue** – E. Allan Poe
270.**99 corruíras nanicas** – Dalton Trevisan
271.**Broquéis** – Cruz e Sousa
272.**Mês de cães danados** – Moacyr Scliar
273.**Anarquistas – vol. 1 – A ideia** – G.Woodcock
274.**Anarquistas – vol. 2 – O movimento** – G.Woodcock
275.**Pai e filho, filho e pai** – Moacyr Scliar
276.**As aventuras de Tom Sawyer** – Mark Twain
277.**Muito barulho por nada** – W. Shakespeare
278.**Elogio da loucura** – Erasmo
279.**Autobiografia de Alice B. Toklas** – G. Stein
280.**O chamado da floresta** – J. London
281.**Uma agulha para o diabo** – Ruth Rendell
282.**Verdes vales do fim do mundo** – A. Bivar
283.**Ovelhas negras** – Caio Fernando Abreu
284.**O fantasma de Canterville** – O. Wilde
285.**Receitas de Yayá Ribeiro** – Celia Ribeiro
286.**A galinha degolada** – H. Quiroga
287.**O último adeus de Sherlock Holmes** – A. Conan Doyle
288.**A. Gourmet** *em* **Histórias de cama & mesa** – J. A. Pinheiro Machado
289.**Topless** – Martha Medeiros
290.**Mais receitas do Anonymus Gourmet** – J. A. Pinheiro Machado
291.**Origens do discurso democrático** – D. Schüler
292.**Humor politicamente incorreto** – Nani
293.**O teatro do bem e do mal** – E. Galeano
294.**Garibaldi & Manoela** – J. Guimarães
295.**10 dias que abalaram o mundo** – John Reed
296.**Numa fria** – Bukowski
297.**Poesia de Florbela Espanca** vol. 1
298.**Poesia de Florbela Espanca** vol. 2
299.**Escreva certo** – E. Oliveira e M. E. Bernd
300.**O vermelho e o negro** – Stendhal
301.**Ecce homo** – Friedrich Nietzsche
302(7).**Comer bem, sem culpa** – Dr. Fernando Lucchese, A. Gourmet e Iotti
303.**O livro de Cesário Verde** – Cesário Verde
305.**100 receitas de macarrão** – S. Lancellotti
306.**160 receitas de molhos** – S. Lancellotti
307.**100 receitas light** – H. e Â. Tonetto
308.**100 receitas de sobremesas** – Celia Ribeiro
309.**Mais de 100 dicas de churrasco** – Leon Diziekaniak

310.**100 receitas de acompanhamentos** – C. Cabeda
311.**Honra ou vendetta** – S. Lancellotti
312.**A alma do homem sob o socialismo** – Oscar Wilde
313.**Tudo sobre Yôga** – Mestre De Rose
314.**Os varões assinalados** – Tabajara Ruas
315.**Édipo em Colono** – Sófocles
316.**Lisístrata** – Aristófanes / trad. Millôr
317.**Sonhos de Bunker Hill** – John Fante
318.**Os deuses de Raquel** – Moacyr Scliar
319.**O colosso de Marússia** – Henry Miller
320.**As eruditas** – Molière / trad. Millôr
321.**Radicci 1** – Iotti
322.**Os Sete contra Tebas** – Ésquilo
323.**Brasil Terra à vista** – Eduardo Bueno
324.**Radicci 2** – Iotti
325.**Júlio César** – William Shakespeare
326.**A carta de Pero Vaz de Caminha**
327.**Cozinha Clássica** – Sílvio Lancellotti
328.**Madame Bovary** – Gustave Flaubert
329.**Dicionário do viajante insólito** – M. Scliar
330.**O capitão saiu para o almoço...** – Bukowski
331.**A carta roubada** – Edgar Allan Poe
332.**É tarde para saber** – Josué Guimarães
333.**O livro de bolso da Astrologia** – Maggy Harrisonx e Mellina Li
334.**1933 foi um ano ruim** – John Fante
335.**100 receitas de arroz** – Aninha Comas
336.**Guia prático do Português correto – vol. 1** – Cláudio Moreno
337.**Bartleby, o escriturário** – H. Melville
338.**Enterrem meu coração na curva do rio** – Dee Brown
339.**Um conto de Natal** – Charles Dickens
340.**Cozinha sem segredos** – J. A. P. Machado
341.**A dama das Camélias** – A. Dumas Filho
342.**Alimentação saudável** – H. e Â. Tonetto
343.**Continhos galantes** – Dalton Trevisan
344.**A Divina Comédia** – Dante Alighieri
345.**A Dupla Sertanojo** – Santiago
346.**Cavalos do amanhecer** – Mario Arregui
347.**Biografia de Vincent van Gogh por sua cunhada** – Jo van Gogh-Bonger
348.**Radicci 3** – Iotti
349.**Nada de novo no front** – E. M. Remarque
350.**A hora dos assassinos** – Henry Miller
351.**Flush – Memórias de um cão** – Virginia Woolf
352.**A guerra no Bom Fim** – M. Scliar
357.**As uvas e o vento** – Pablo Neruda
358.**On the road** – Jack Kerouac
359.**O coração amarelo** – Pablo Neruda
360.**Livro das perguntas** – Pablo Neruda
361.**Noite de Reis** – William Shakespeare
362.**Manual de Ecologia (vol.1)** – J. Lutzenberger
363.**O mais longo dos dias** – Cornelius Ryan
364.**Foi bom prá você?** – Nani
365.**Crepusculário** – Pablo Neruda
366.**A comédia dos erros** – Shakespeare
369.**Mate-me por favor (vol.1)** – L. McNeil
370.**Mate-me por favor (vol.2)** – L. McNeil
371.**Carta ao pai** – Kafka
372.**Os vagabundos iluminados** – J. Kerouac
375.**Vargas, uma biografia política** – H. Silva
376.**Poesia reunida (vol.1)** – A. R. de Sant'Anna
377.**Poesia reunida (vol.2)** – A. R. de Sant'Anna
378.**Alice no país do espelho** – Lewis Carroll
379.**Residência na Terra 1** – Pablo Neruda
380.**Residência na Terra 2** – Pablo Neruda
381.**Terceira Residência** – Pablo Neruda
382.**O delírio amoroso** – Bocage
383.**Futebol ao sol e à sombra** – E. Galeano
386.**Radicci 4** – Iotti
387.**Boas maneiras & sucesso nos negócios** – Celia Ribeiro
388.**Uma história Farroupilha** – M. Scliar
389.**Na mesa ninguém envelhece** – J. A. Pinheiro Machado
390.**200 receitas inéditas do Anonymus Gourmet** – J. A. Pinheiro Machado
391.**Guia prático do Português correto – vol.2** – Cláudio Moreno
392.**Breviário das terras do Brasil** – Assis Brasil
393.**Cantos Cerimoniais** – Pablo Neruda
394.**Jardim de Inverno** – Pablo Neruda
395.**Antonio e Cleópatra** – William Shakespeare
396.**Troia** – Cláudio Moreno
397.**Meu tio matou um cara** – Jorge Furtado
399.**As viagens de Gulliver** – Jonathan Swift
400.**Dom Quixote** – (v. 1) – Miguel de Cervantes
401.**Dom Quixote** – (v. 2) – Miguel de Cervantes
402.**Sozinho no Pólo Norte** – Thomaz Brandolin
404.**Delta de Vênus** – Anaïs Nin
405.**O melhor de Hagar 2** – Dik Browne
406.**É grave Doutor?** – Nani
407.**Orai pornô** – Nani
412.**Três contos** – Gustave Flaubert
413.**De ratos e homens** – John Steinbeck
414.**Lazarilho de Tormes** – Anônimo do séc. XVI
415.**Triângulo das águas** – Caio Fernando Abreu
416.**100 receitas de carnes** – Sílvio Lancellotti
417.**Histórias de robôs:** vol. 1 – org. Isaac Asimov
418.**Histórias de robôs:** vol. 2 – org. Isaac Asimov
419.**Histórias de robôs:** vol. 3 – org. Isaac Asimov
423.**Um amigo de Kafka** – Isaac Singer
424.**As alegres matronas de Windsor** – Shakespeare
425.**Amor e exílio** – Isaac Bashevis Singer
426.**Use & abuse do seu signo** – Marília Fiorillo e Marylou Simonsen
427.**Pigmaleão** – Bernard Shaw
428.**As fenícias** – Eurípides
429.**Everest** – Thomaz Brandolin
430.**A arte de furtar** – Anônimo do séc. XVI
431.**Billy Bud** – Herman Melville
432.**A rosa separada** – Pablo Neruda
433.**Elegia** – Pablo Neruda
434.**A garota de Cassidy** – David Goodis

435.**Como fazer a guerra: máximas de Napoleão** – Balzac
436.**Poemas escolhidos** – Emily Dickinson
437.**Gracias por el fuego** – Mario Benedetti
438.**O sofá** – Crébillon Fils
439.**O "Martín Fierro"** – Jorge Luis Borges
440.**Trabalhos de amor perdidos** – W. Shakespeare
441.**O melhor de Hagar 3** – Dik Browne
442.**Os Maias (volume1)** – Eça de Queiroz
443.**Os Maias (volume2)** – Eça de Queiroz
444.**Anti-Justine** – Restif de La Bretonne
445.**Juventude** – Joseph Conrad
446.**Contos** – Eça de Queiroz
448.**Um amor de Swann** – Proust
449.**À paz perpétua** – Immanuel Kant
450.**A conquista do México** – Hernan Cortez
451.**Defeitos escolhidos e 2000** – Pablo Neruda
452.**O casamento do céu e do inferno** – William Blake
453.**A primeira viagem ao redor do mundo** – Antonio Pigafetta
457.**Sartre** – Annie Cohen-Solal
458.**Discurso do método** – René Descartes
459.**Garfield em grande forma (1)** – Jim Davis
460.**Garfield está de dieta** (2) – Jim Davis
461.**O livro das feras** – Patricia Highsmith
462.**Viajante solitário** – Jack Kerouac
463.**Auto da barca do inferno** – Gil Vicente
464.**O livro vermelho dos pensamentos de Millôr** – Millôr Fernandes
465.**O livro dos abraços** – Eduardo Galeano
466.**Voltaremos!** – José Antonio Pinheiro Machado
467.**Rango** – Edgar Vasques
468(8).**Dieta mediterrânea** – Dr. Fernando Lucchese e José Antonio Pinheiro Machado
469.**Radicci 5** – Iotti
470.**Pequenos pássaros** – Anaïs Nin
471.**Guia prático do Português correto – vol.3** – Cláudio Moreno
472.**Atire no pianista** – David Goodis
473.**Antologia Poética** – García Lorca
474.**Alexandre e César** – Plutarco
475.**Uma espiã na casa do amor** – Anaïs Nin
476.**A gorda do Tiki Bar** – Dalton Trevisan
477.**Garfield um gato de peso (3)** – Jim Davis
478.**Canibais** – David Coimbra
479.**A arte de escrever** – Arthur Schopenhauer
480.**Pinóquio** – Carlo Collodi
481.**Misto-quente** – Bukowski
482.**A lua na sarjeta** – David Goodis
483.**O melhor do Recruta Zero (1)** – Mort Walker
484.**Aline: TPM – tensão pré-monstrual (2)** – Adão Iturrusgarai
485.**Sermões do Padre Antonio Vieira**
486.**Garfield numa boa (4)** – Jim Davis
487.**Mensagem** – Fernando Pessoa
488.**Vendeta** *seguido de* **A paz conjugal** – Balzac
489.**Poemas de Alberto Caeiro** – Fernando Pessoa
490.**Ferragus** – Honoré de Balzac
491.**A duquesa de Langeais** – Honoré de Balzac
492.**A menina dos olhos de ouro** – Honoré de Balzac
493.**O lírio do vale** – Honoré de Balzac
497.**A noite das bruxas** – Agatha Christie
498.**Um passe de mágica** – Agatha Christie
499.**Nêmesis** – Agatha Christie
500.**Esboço para uma teoria das emoções** – Sartre
501.**Renda básica de cidadania** – Eduardo Suplicy
502(1).**Pílulas para viver melhor** – Dr. Lucchese
503(2).**Pílulas para prolongar a juventude** – Dr. Lucchese
504(3).**Desembarcando o diabetes** – Dr. Lucchese
505(4).**Desembarcando o sedentarismo** – Dr. Fernando Lucchese e Cláudio Castro
506(5).**Desembarcando a hipertensão** – Dr. Lucchese
507(6).**Desembarcando o colesterol** – Dr. Fernando Lucchese e Fernanda Lucchese
508.**Estudos de mulher** – Balzac
509.**O terceiro tira** – Flann O'Brien
510.**100 receitas de aves e ovos** – J. A. P. Machado
511.**Garfield em toneladas de diversão** (5) – Jim Davis
512.**Trem-bala** – Martha Medeiros
513.**Os cães ladram** – Truman Capote
514.**O Kama Sutra de Vatsyayana**
515.**O crime do Padre Amaro** – Eça de Queiroz
516.**Odes de Ricardo Reis** – Fernando Pessoa
517.**O inverno da nossa desesperança** – Steinbeck
518.**Piratas do Tietê (1)** – Laerte
519.**Rê Bordosa: do começo ao fim** – Angeli
520.**O Harlem é escuro** – Chester Himes
522.**Eugénie Grandet** – Balzac
523.**O último magnata** – F. Scott Fitzgerald
524.**Carol** – Patricia Highsmith
525.**100 receitas de patisseria** – Sílvio Lancellotti
527.**Tristessa** – Jack Kerouac
528.**O diamante do tamanho do Ritz** – F. Scott Fitzgerald
529.**As melhores histórias de Sherlock Holmes** – Arthur Conan Doyle
530.**Cartas a um jovem poeta** – Rilke
532.**O misterioso sr. Quin** – Agatha Christie
533.**Os analectos** – Confúcio
536.**Ascensão e queda de César Birotteau** – Balzac
537.**Sexta-feira negra** – David Goodis
538.**Ora bolas – O humor de Mario Quintana** – Juarez Fonseca
539.**Longe daqui aqui mesmo** – Antonio Bivar
540.**É fácil matar** – Agatha Christie
541.**O pai Goriot** – Balzac
542.**Brasil, um país do futuro** – Stefan Zweig
543.**O processo** – Kafka
544.**O melhor de Hagar 4** – Dik Browne
545.**Por que não pediram a Evans?** – Agatha Christie
546.**Fanny Hill** – John Cleland

547.**O gato por dentro** – William S. Burroughs
548.**Sobre a brevidade da vida** – Sêneca
549.**Geraldão (1)** – Glauco
550.**Piratas do Tietê (2)** – Laerte
551.**Pagando o pato** – Ciça
552.**Garfield de bom humor (6)** – Jim Davis
553.**Conhece o Mário?** vol.1 – Santiago
554.**Radicci 6** – Iotti
555.**Os subterrâneos** – Jack Kerouac
556(1).**Balzac** – François Taillandier
557(2).**Modigliani** – Christian Parisot
558(3).**Kafka** – Gérard-Georges Lemaire
559(4).**Júlio César** – Joël Schmidt
560.**Receitas da família** – J. A. Pinheiro Machado
561.**Boas maneiras à mesa** – Celia Ribeiro
562(9).**Filhos sadios, pais felizes** – R. Pagnoncelli
563(10).**Fatos & mitos** – Dr. Fernando Lucchese
564.**Ménage à trois** – Paula Taitelbaum
565.**Mulheres!** – David Coimbra
566.**Poemas de Álvaro de Campos** – Fernando Pessoa
567.**Medo e outras histórias** – Stefan Zweig
568.**Snoopy e sua turma (1)** – Schulz
569.**Piadas para sempre (1)** – Visconde da Casa Verde
570.**O alvo móvel** – Ross Macdonald
571.**O melhor do Recruta Zero (2)** – Mort Walker
572.**Um sonho americano** – Norman Mailer
573.**Os broncos também amam** – Angeli
574.**Crônica de um amor louco** – Bukowski
575(5).**Freud** – René Major e Chantal Talagrand
576(6).**Picasso** – Gilles Plazy
577(7).**Gandhi** – Christine Jordis
578.**A tumba** – H. P. Lovecraft
579.**O príncipe e o mendigo** – Mark Twain
580.**Garfield, um charme de gato (7)** – Jim Davis
581.**Ilusões perdidas** – Balzac
582.**Esplendores e misérias das cortesãs** – Balzac
583.**Walter Ego** – Angeli
584.**Striptiras (1)** – Laerte
585.**Fagundes: um puxa-saco de mão cheia** – Laerte
586.**Depois do último trem** – Josué Guimarães
587.**Ricardo III** – Shakespeare
588.**Dona Anja** – Josué Guimarães
589.**24 horas na vida de uma mulher** – Stefan Zweig
591.**Mulher no escuro** – Dashiell Hammett
592.**No que acredito** – Bertrand Russell
593.**Odisseia (1): Telemaquia** – Homero
594.**O cavalo cego** – Josué Guimarães
595.**Henrique V** – Shakespeare
596.**Fabulário geral do delírio cotidiano** – Bukowski
597.**Tiros na noite 1: A mulher do bandido** – Dashiell Hammett
598.**Snoopy em Feliz Dia dos Namorados! (2)** – Schulz
600.**Crime e castigo** – Dostoiévski
601.**Mistério no Caribe** – Agatha Christie
602.**Odisseia (2): Regresso** – Homero
603.**Piadas para sempre (2)** – Visconde da Casa Verde
604.**À sombra do vulcão** – Malcolm Lowry
605(8).**Kerouac** – Yves Buin
606.**E agora são cinzas** – Angeli
607.**As mil e uma noites** – Paulo Caruso
608.**Um assassino entre nós** – Ruth Rendell
609.**Crack-up** – F. Scott Fitzgerald
610.**Do amor** – Stendhal
611.**Cartas do Yage** – William Burroughs e Allen Ginsberg
612.**Striptiras (2)** – Laerte
613.**Henry & June** – Anaïs Nin
614.**A piscina mortal** – Ross Macdonald
615.**Geraldão (2)** – Glauco
616.**Tempo de delicadeza** – A. R. de Sant'Anna
617.**Tiros na noite 2: Medo de tiro** – Dashiell Hammett
618.**Snoopy em Assim é a vida, Charlie Brown! (3)** – Schulz
619.**1954 – Um tiro no coração** – Hélio Silva
620.**Sobre a inspiração poética (Íon)** e ... – Platão
621.**Garfield e seus amigos (8)** – Jim Davis
622.**Odisseia (3): Ítaca** – Homero
623.**A louca matança** – Chester Himes
624.**Factótum** – Bukowski
625.**Guerra e Paz: volume 1** – Tolstói
626.**Guerra e Paz: volume 2** – Tolstói
627.**Guerra e Paz: volume 3** – Tolstói
628.**Guerra e Paz: volume 4** – Tolstói
629(9).**Shakespeare** – Claude Mourthé
630.**Bem está o que bem acaba** – Shakespeare
631.**O contrato social** – Rousseau
632.**Geração Beat** – Jack Kerouac
633.**Snoopy: É Natal! (4)** – Charles Schulz
634.**Testemunha da acusação** – Agatha Christie
635.**Um elefante no caos** – Millôr Fernandes
636.**Guia de leitura (100 autores que você precisa ler)** – Organização de Léa Masina
637.**Pistoleiros também mandam flores** – David Coimbra
638.**O prazer das palavras** – vol. 1 – Cláudio Moreno
639.**O prazer das palavras** – vol. 2 – Cláudio Moreno
640.**Novíssimo testamento: com Deus e o diabo, a dupla da criação** – Iotti
641.**Literatura Brasileira: modos de usar** – Luís Augusto Fischer
642.**Dicionário de Porto-Alegrês** – Luís A. Fischer
643.**Clô Dias & Noites** – Sérgio Jockymann
644.**Memorial de Isla Negra** – Pablo Neruda
645.**Um homem extraordinário e outras histórias** – Tchékhov
646.**Ana sem terra** – Alcy Cheuiche
647.**Adultérios** – Woody Allen
651.**Snoopy: Posso fazer uma pergunta, professora? (5)** – Charles Schulz

652(10).**Luís XVI** – Bernard Vincent
653.**O mercador de Veneza** – Shakespeare
654.**Cancioneiro** – Fernando Pessoa
655.**Non-Stop** – Martha Medeiros
656.**Carpinteiros, levantem bem alto a cumeeira & Seymour, uma apresentação** – J.D.Salinger
657.**Ensaios céticos** – Bertrand Russell
658.**O melhor de Hagar 5** – Dik e Chris Browne
659.**Primeiro amor** – Ivan Turguêniev
660.**A trégua** – Mario Benedetti
661.**Um parque de diversões da cabeça** – Lawrence Ferlinghetti
662.**Aprendendo a viver** – Sêneca
663.**Garfield, um gato em apuros (9)** – Jim Davis
664.**Dilbert (1)** – Scott Adams
666.**A imaginação** – Jean-Paul Sartre
667.**O ladrão e os cães** – Naguib Mahfuz
669.**A volta do parafuso** *seguido de* **Daisy Miller** – Henry James
670.**Notas do subsolo** – Dostoiévski
671.**Abobrinhas da Brasilônia** – Glauco
672.**Geraldão (3)** – Glauco
673.**Piadas para sempre (3)** – Visconde da Casa Verde
674.**Duas viagens ao Brasil** – Hans Staden
676.**A arte da guerra** – Maquiavel
677.**Além do bem e do mal** – Nietzsche
678.**O coronel Chabert** *seguido de* **A mulher abandonada** – Balzac
679.**O sorriso de marfim** – Ross Macdonald
680.**100 receitas de pescados** – Sílvio Lancellotti
681.**O juiz e seu carrasco** – Friedrich Dürrenmatt
682.**Noites brancas** – Dostoiévski
683.**Quadras ao gosto popular** – Fernando Pessoa
685.**Kaos** – Millôr Fernandes
686.**A pele de onagro** – Balzac
687.**As ligações perigosas** – Choderlos de Laclos
689.**Os Lusíadas** – Luís Vaz de Camões
690(11).**Átila** – Éric Deschodt
691.**Um jeito tranquilo de matar** – Chester Himes
692.**A felicidade conjugal** *seguido de* **O diabo** – Tolstói
693.**Viagem de um naturalista ao redor do mundo** – vol. 1 – Charles Darwin
694.**Viagem de um naturalista ao redor do mundo** – vol. 2 – Charles Darwin
695.**Memórias da casa dos mortos** – Dostoiévski
696.**A Celestina** – Fernando de Rojas
697.**Snoopy: Como você é azarado, Charlie Brown! (6)** – Charles Schulz
698.**Dez (quase) amores** – Claudia Tajes
699.**Poirot sempre espera** – Agatha Christie
701.**Apologia de Sócrates** *precedido de* **Êutifron** e *seguido de* **Críton** – Platão
702.**Wood & Stock** – Angeli
703.**Striptiras (3)** – Laerte
704.**Discurso sobre a origem e os fundamentos da desigualdade entre os homens** – Rousseau
705.**Os duelistas** – Joseph Conrad
706.**Dilbert (2)** – Scott Adams
707.**Viver e escrever** (vol. 1) – Edla van Steen
708.**Viver e escrever** (vol. 2) – Edla van Steen
709.**Viver e escrever** (vol. 3) – Edla van Steen
710.**A teia da aranha** – Agatha Christie
711.**O banquete** – Platão
712.**Os belos e malditos** – F. Scott Fitzgerald
713.**Libelo contra a arte moderna** – Salvador Dalí
714.**Akropolis** – Valerio Massimo Manfredi
715.**Devoradores de mortos** – Michael Crichton
716.**Sob o sol da Toscana** – Frances Mayes
717.**Batom na cueca** – Nani
718.**Vida dura** – Claudia Tajes
719.**Carne trêmula** – Ruth Rendell
720.**Cris, a fera** – David Coimbra
721.**O anticristo** – Nietzsche
722.**Como um romance** – Daniel Pennac
723.**Emboscada no Forte Bragg** – Tom Wolfe
724.**Assédio sexual** – Michael Crichton
725.**O espírito do Zen** – Alan W.Watts
726.**Um bonde chamado desejo** – Tennessee Williams
727.**Como gostais** *seguido de* **Conto de inverno** – Shakespeare
728.**Tratado sobre a tolerância** – Voltaire
729.**Snoopy: Doces ou travessuras? (7)** – Charles Schulz
730.**Cardápios do Anonymus Gourmet** – J.A. Pinheiro Machado
731.**100 receitas com lata** – J.A. Pinheiro Machado
732.**Conhece o Mário?** vol.2 – Santiago
733.**Dilbert (3)** – Scott Adams
734.**História de um louco amor** *seguido de* **Passado amor** – Horacio Quiroga
735(11).**Sexo: muito prazer** – Laura Meyer da Silva
736(12).**Para entender o adolescente** – Dr. Ronald Pagnoncelli
737(13).**Desembarcando a tristeza** – Dr. Fernando Lucchese
738.**Poirot e o mistério da arca espanhola & outras histórias** – Agatha Christie
739.**A última legião** – Valerio Massimo Manfredi
741.**Sol nascente** – Michael Crichton
742.**Duzentos ladrões** – Dalton Trevisan
743.**Os devaneios do caminhante solitário** – Rousseau
744.**Garfield, o rei da preguiça (10)** – Jim Davis
745.**Os magnatas** – Charles R. Morris
746.**Pulp** – Charles Bukowski
747.**Enquanto agonizo** – William Faulkner
748.**Aline: viciada em sexo (3)** – Adão Iturrusgarai
749.**A dama do cachorrinho** – Anton Tchékhov
750.**Tito Andrônico** – Shakespeare
751.**Antologia poética** – Anna Akhmátova
752.**O melhor de Hagar 6** – Dik e Chris Browne
753(12).**Michelangelo** – Nadine Sautel
754.**Dilbert (4)** – Scott Adams
755.**O jardim das cerejeiras** *seguido de* **Tio Vânia** – Tchékhov

756.**Geração Beat** – Claudio Willer
757.**Santos Dumont** – Alcy Cheuiche
758.**Budismo** – Claude B. Levenson
759.**Cleópatra** – Christian-Georges Schwentzel
760.**Revolução Francesa** – Frédéric Bluche, Stéphane Rials e Jean Tulard
761.**A crise de 1929** – Bernard Gazier
762.**Sigmund Freud** – Edson Sousa e Paulo Endo
763.**Império Romano** – Patrick Le Roux
764.**Cruzadas** – Cécile Morrisson
765.**O mistério do Trem Azul** – Agatha Christie
768.**Senso comum** – Thomas Paine
769.**O parque dos dinossauros** – Michael Crichton
770.**Trilogia da paixão** – Goethe
773.**Snoopy: No mundo da lua! (8)** – Charles Schulz
774.**Os Quatro Grandes** – Agatha Christie
775.**Um brinde de cianureto** – Agatha Christie
776.**Súplicas atendidas** – Truman Capote
779.**A viúva imortal** – Millôr Fernandes
780.**Cabala** – Roland Goetschel
781.**Capitalismo** – Claude Jessua
782.**Mitologia grega** – Pierre Grimal
783.**Economia: 100 palavras-chave** – Jean-Paul Betbèze
784.**Marxismo** – Henri Lefebvre
785.**Punição para a inocência** – Agatha Christie
786.**A extravagância do morto** – Agatha Christie
787(13).**Cézanne** – Bernard Fauconnier
788.**A identidade Bourne** – Robert Ludlum
789.**Da tranquilidade da alma** – Sêneca
790.**Um artista da fome** *seguido de* **Na colônia penal e outras histórias** – Kafka
791.**Histórias de fantasmas** – Charles Dickens
796.**O Uraguai** – Basílio da Gama
797.**A mão misteriosa** – Agatha Christie
798.**Testemunha ocular do crime** – Agatha Christie
799.**Crepúsculo dos ídolos** – Friedrich Nietzsche
802.**O grande golpe** – Dashiell Hammett
803.**Humor barra pesada** – Nani
804.**Vinho** – Jean-François Gautier
805.**Egito Antigo** – Sophie Desplancques
806(14).**Baudelaire** – Jean-Baptiste Baronian
807.**Caminho da sabedoria, caminho da paz** – Dalai Lama e Felizitas von Schönborn
808.**Senhor e servo e outras histórias** – Tolstói
809.**Os cadernos de Malte Laurids Brigge** – Rilke
810.**Dilbert (5)** – Scott Adams
811.**Big Sur** – Jack Kerouac
812.**Seguindo a correnteza** – Agatha Christie
813.**O álibi** – Sandra Brown
814.**Montanha-russa** – Martha Medeiros
815.**Coisas da vida** – Martha Medeiros
816.**A cantada infalível** *seguido de* **A mulher do centroavante** – David Coimbra
819.**Snoopy: Pausa para a soneca (9)** – Charles Schulz
820.**De pernas pro ar** – Eduardo Galeano
821.**Tragédias gregas** – Pascal Thiercy
822.**Existencialismo** – Jacques Colette
823.**Nietzsche** – Jean Granier
824.**Amar ou depender?** – Walter Riso
825.**Darmapada: A doutrina budista em versos**
826.**J'Accuse...! – a verdade em marcha** – Zola
827.**Os crimes ABC** – Agatha Christie
828.**Um gato entre os pombos** – Agatha Christie
831.**Dicionário de teatro** – Luiz Paulo Vasconcellos
832.**Cartas extraviadas** – Martha Medeiros
833.**A longa viagem de prazer** – J. J. Morosoli
834.**Receitas fáceis** – J. A. Pinheiro Machado
835.(14).**Mais fatos & mitos** – Dr. Fernando Lucchese
836.(15).**Boa viagem!** – Dr. Fernando Lucchese
837.**Aline: Finalmente nua!!!** (4) – Adão Iturrusgarai
838.**Mônica tem uma novidade!** – Mauricio de Sousa
839.**Cebolinha em apuros!** – Mauricio de Sousa
840.**Sócios no crime** – Agatha Christie
841.**Bocas do tempo** – Eduardo Galeano
842.**Orgulho e preconceito** – Jane Austen
843.**Impressionismo** – Dominique Lobstein
844.**Escrita chinesa** – Viviane Alleton
845.**Paris: uma história** – Yvan Combeau
846(15).**Van Gogh** – David Haziot
848.**Portal do destino** – Agatha Christie
849.**O futuro de uma ilusão** – Freud
850.**O mal-estar na cultura** – Freud
853.**Um crime adormecido** – Agatha Christie
854.**Satori em Paris** – Jack Kerouac
855.**Medo e delírio em Las Vegas** – Hunter Thompson
856.**Um negócio fracassado e outros contos de humor** – Tchékhov
857.**Mônica está de férias!** – Mauricio de Sousa
858.**De quem é esse coelho?** – Mauricio de Sousa
860.**O mistério Sittaford** – Agatha Christie
861.**Manhã transfigurada** – L. A. de Assis Brasil
862.**Alexandre, o Grande** – Pierre Briant
863.**Jesus** – Charles Perrot
864.**Islã** – Paul Balta
865.**Guerra da Secessão** – Farid Ameur
866.**Um rio que vem da Grécia** – Cláudio Moreno
868.**Assassinato na casa do pastor** – Agatha Christie
869.**Manual do líder** – Napoleão Bonaparte
870(16).**Billie Holiday** – Sylvia Fol
871.**Bidu arrasando!** – Mauricio de Sousa
872.**Os Sousa: Desventuras em família** – Mauricio de Sousa
874.**E no final a morte** – Agatha Christie
875.**Guia prático do Português correto – vol. 4** – Cláudio Moreno
876.**Dilbert (6)** – Scott Adams
877(17).**Leonardo da Vinci** – Sophie Chauveau
878.**Bella Toscana** – Frances Mayes
879.**A arte da ficção** – David Lodge
880.**Striptiras (4)** – Laerte
881.**Skrotinhos** – Angeli
882.**Depois do funeral** – Agatha Christie
883.**Radicci 7** – Iotti
884.**Walden** – H. D. Thoreau

885.**Lincoln** – Allen C. Guelzo
886.**Primeira Guerra Mundial** – Michael Howard
887.**A linha de sombra** – Joseph Conrad
888.**O amor é um cão dos diabos** – Bukowski
890.**Despertar: uma vida de Buda** – Jack Kerouac
891(18).**Albert Einstein** – Laurent Seksik
892.**Hell's Angels** – Hunter Thompson
893.**Ausência na primavera** – Agatha Christie
894.**Dilbert (7)** – Scott Adams
895.**Ao sul de lugar nenhum** – Bukowski
896.**Maquiavel** – Quentin Skinner
897.**Sócrates** – C.C.W. Taylor
899.**O Natal de Poirot** – Agatha Christie
900.**As veias abertas da América Latina** – Eduardo Galeano
901.**Snoopy: Sempre alerta! (10)** – Charles Schulz
902.**Chico Bento: Plantando confusão** – Mauricio de Sousa
903.**Penadinho: Quem é morto sempre aparece** – Mauricio de Sousa
904.**A vida sexual da mulher feia** – Claudia Tajes
905.**100 segredos de liquidificador** – José Antonio Pinheiro Machado
906.**Sexo muito prazer 2** – Laura Meyer da Silva
907.**Os nascimentos** – Eduardo Galeano
908.**As caras e as máscaras** – Eduardo Galeano
909.**O século do vento** – Eduardo Galeano
910.**Poirot perde uma cliente** – Agatha Christie
911.**Cérebro** – Michael O'Shea
912.**O escaravelho de ouro e outras histórias** – Edgar Allan Poe
913.**Piadas para sempre (4)** – Visconde da Casa Verde
914.**100 receitas de massas light** – Helena Tonetto
915(19).**Oscar Wilde** – Daniel Salvatore Schiffer
916.**Uma breve história do mundo** – H. G. Wells
917.**A Casa do Penhasco** – Agatha Christie
919.**John M. Keynes** – Bernard Gazier
920(20).**Virginia Woolf** – Alexandra Lemasson
921.**Peter e Wendy** *seguido de* **Peter Pan em Kensington Gardens** – J. M. Barrie
922.**Aline: numas de colegial (5)** – Adão Iturrusgarai
923.**Uma dose mortal** – Agatha Christie
924.**Os trabalhos de Hércules** – Agatha Christie
926.**Kant** – Roger Scruton
927.**A inocência do Padre Brown** – G.K. Chesterton
928.**Casa Velha** – Machado de Assis
929.**Marcas de nascença** – Nancy Huston
930.**Aulete de bolso**
931.**Hora Zero** – Agatha Christie
932.**Morte na Mesopotâmia** – Agatha Christie
934.**Nem te conto, João** – Dalton Trevisan
935.**As aventuras de Huckleberry Finn** – Mark Twain
936(21).**Marilyn Monroe** – Anne Plantagenet
937.**China moderna** – Rana Mitter
938.**Dinossauros** – David Norman
939.**Louca por homem** – Claudia Tajes
940.**Amores de alto risco** – Walter Riso
941.**Jogo de damas** – David Coimbra
942.**Filha é filha** – Agatha Christie
943.**M ou N?** – Agatha Christie
945.**Bidu: diversão em dobro!** – Mauricio de Sousa
946.**Fogo** – Anaïs Nin
947.**Rum: diário de um jornalista bêbado** – Hunter Thompson
948.**Persuasão** – Jane Austen
949.**Lágrimas na chuva** – Sergio Faraco
950.**Mulheres** – Bukowski
951.**Um pressentimento funesto** – Agatha Christie
952.**Cartas na mesa** – Agatha Christie
954.**O lobo do mar** – Jack London
955.**Os gatos** – Patricia Highsmith
956(22).**Jesus** – Christiane Rancé
957.**História da medicina** – William Bynum
958.**O Morro dos Ventos Uivantes** – Emily Brontë
959.**A filosofia na era trágica dos gregos** – Nietzsche
960.**Os treze problemas** – Agatha Christie
961.**A massagista japonesa** – Moacyr Scliar
963.**Humor do miserê** – Nani
964.**Todo o mundo tem dúvida, inclusive você** – Édison de Oliveira
965.**A dama do Bar Nevada** – Sergio Faraco
969.**O psicopata americano** – Bret Easton Ellis
970.**Ensaios de amor** – Alain de Botton
971.**O grande Gatsby** – F. Scott Fitzgerald
972.**Por que não sou cristão** – Bertrand Russell
973.**A Casa Torta** – Agatha Christie
974.**Encontro com a morte** – Agatha Christie
975(23).**Rimbaud** – Jean-Baptiste Baronian
976.**Cartas na rua** – Bukowski
977.**Memória** – Jonathan K. Foster
978.**A abadia de Northanger** – Jane Austen
979.**As pernas de Úrsula** – Claudia Tajes
980.**Retrato inacabado** – Agatha Christie
981.**Solanin (1)** – Inio Asano
982.**Solanin (2)** – Inio Asano
983.**Aventuras de menino** – Mitsuru Adachi
984(16).**Fatos & mitos sobre sua alimentação** – Dr. Fernando Lucchese
985.**Teoria quântica** – John Polkinghorne
986.**O eterno marido** – Fiódor Dostoiévski
987.**Um safado em Dublin** – J. P. Donleavy
988.**Mirinha** – Dalton Trevisan
989.**Akhenaton e Nefertiti** – Carmen Seganfredo e A. S. Franchini
990.**On the Road – o manuscrito original** – Jack Kerouac
991.**Relatividade** – Russell Stannard
992.**Abaixo de zero** – Bret Easton Ellis
993(24).**Andy Warhol** – Mériam Korichi
995.**Os últimos casos de Miss Marple** – Agatha Christie
996.**Nico Demo: Aí vem encrenca** – Mauricio de Sousa
998.**Rousseau** – Robert Wokler
999.**Noite sem fim** – Agatha Christie

1000.**Diários de Andy Warhol (1)** – Editado por Pat Hackett
1001.**Diários de Andy Warhol (2)** – Editado por Pat Hackett
1002.**Cartier-Bresson: o olhar do século** – Pierre Assouline
1003.**As melhores histórias da mitologia: vol. 1** – A.S. Franchini e Carmen Seganfredo
1004.**As melhores histórias da mitologia: vol. 2** – A.S. Franchini e Carmen Seganfredo
1005.**Assassinato no beco** – Agatha Christie
1006.**Convite para um homicídio** – Agatha Christie
1008.**História da vida** – Michael J. Benton
1009.**Jung** – Anthony Stevens
1010.**Arsène Lupin, ladrão de casaca** – Maurice Leblanc
1011.**Dublinenses** – James Joyce
1012.**120 tirinhas da Turma da Mônica** – Mauricio de Sousa
1013.**Antologia poética** – Fernando Pessoa
1014.**A aventura de um cliente ilustre** *seguido de* **O último adeus de Sherlock Holmes** – Sir Arthur Conan Doyle
1015.**Cenas de Nova York** – Jack Kerouac
1016.**A corista** – Anton Tchékhov
1017.**O diabo** – Leon Tolstói
1018.**Fábulas chinesas** – Sérgio Capparelli e Márcia Schmaltz
1019.**O gato do Brasil** – Sir Arthur Conan Doyle
1020.**Missa do Galo** – Machado de Assis
1021.**O mistério de Marie Rogêt** – Edgar Allan Poe
1022.**A mulher mais linda da cidade** – Bukowski
1023.**O retrato** – Nicolai Gogol
1024.**O conflito** – Agatha Christie
1025.**Os primeiros casos de Poirot** – Agatha Christie
1027(25).**Beethoven** – Bernard Fauconnier
1028.**Platão** – Julia Annas
1029.**Cleo e Daniel** – Roberto Freire
1030.**Til** – José de Alencar
1031.**Viagens na minha terra** – Almeida Garrett
1032.**Profissões para mulheres e outros artigos feministas** – Virginia Woolf
1033.**Mrs. Dalloway** – Virginia Woolf
1034.**O cão da morte** – Agatha Christie
1035.**Tragédia em três atos** – Agatha Christie
1037.**O fantasma da Ópera** – Gaston Leroux
1038.**Evolução** – Brian e Deborah Charlesworth
1039.**Medida por medida** – Shakespeare
1040.**Razão e sentimento** – Jane Austen
1041.**A obra-prima ignorada** *seguido de* **Um episódio durante o Terror** – Balzac
1042.**A fugitiva** – Anaïs Nin
1043.**As grandes histórias da mitologia greco--romana** – A. S. Franchini
1044.**O corno de si mesmo & outras historietas** – Marquês de Sade
1045.**Da felicidade** *seguido de* **Da vida retirada** – Sêneca
1046.**O horror em Red Hook e outras histórias** – H. P. Lovecraft
1047.**Noite em claro** – Martha Medeiros
1048.**Poemas clássicos chineses** – Li Bai, Du Fu e Wang Wei
1049.**A terceira moça** – Agatha Christie
1050.**Um destino ignorado** – Agatha Christie
1051(26).**Buda** – Sophie Royer
1052.**Guerra Fria** – Robert J. McMahon
1053.**Simons's Cat: as aventuras de um gato travesso e comilão – vol. 1** – Simon Tofield
1054.**Simons's Cat: as aventuras de um gato travesso e comilão – vol. 2** – Simon Tofield
1055.**Só as mulheres e as baratas sobreviverão** – Claudia Tajes
1057.**Pré-história** – Chris Gosden
1058.**Pintou sujeira!** – Mauricio de Sousa
1059.**Contos de Mamãe Gansa** – Charles Perrault
1060.**A interpretação dos sonhos: vol. 1** – Freud
1061.**A interpretação dos sonhos: vol. 2** – Freud
1062.**Frufru Rataplã Dolores** – Dalton Trevisan
1063.**As melhores histórias da mitologia egípcia** – Carmem Seganfredo e A.S. Franchini
1064.**Infância. Adolescência. Juventude** – Tolstói
1065.**As consolações da filosofia** – Alain de Botton
1066.**Diários de Jack Kerouac – 1947-1954**
1067.**Revolução Francesa – vol. 1** – Max Gallo
1068.**Revolução Francesa – vol. 2** – Max Gallo
1069.**O detetive Parker Pyne** – Agatha Christie
1070.**Memórias do esquecimento** – Flávio Tavares
1071.**Drogas** – Leslie Iversen
1072.**Manual de ecologia (vol.2)** – J. Lutzenberger
1073.**Como andar no labirinto** – Affonso Romano de Sant'Anna
1074.**A orquídea e o serial killer** – Juremir Machado da Silva
1075.**Amor nos tempos de fúria** – Lawrence Ferlinghetti
1076.**A aventura do pudim de Natal** – Agatha Christie
1078.**Amores que matam** – Patricia Faur
1079.**Histórias de pescador** – Mauricio de Sousa
1080.**Pedaços de um caderno manchado de vinho** – Bukowski
1081.**A ferro e fogo: tempo de solidão (vol.1)** – Josué Guimarães
1082.**A ferro e fogo: tempo de guerra (vol.2)** – Josué Guimarães
1084(17).**Desembarcando o Alzheimer** – Dr. Fernando Lucchese e Dra. Ana Hartmann
1085.**A maldição do espelho** – Agatha Christie
1086.**Uma breve história da filosofia** – Nigel Warburton
1088.**Heróis da História** – Will Durant
1089.**Concerto campestre** – L. A. de Assis Brasil
1090.**Morte nas nuvens** – Agatha Christie
1092.**Aventura em Bagdá** – Agatha Christie
1093.**O cavalo amarelo** – Agatha Christie
1094.**O método de interpretação dos sonhos** – Freud

1095.**Sonetos de amor e desamor** – Vários
1096.**120 tirinhas do Dilbert** – Scott Adams
1097.**200 fábulas de Esopo**
1098.**O curioso caso de Benjamin Button** – F. Scott Fitzgerald
1099.**Piadas para sempre: uma antologia para morrer de rir** – Visconde da Casa Verde
1100.**Hamlet (Mangá)** – Shakespeare
1101.**A arte da guerra (Mangá)** – Sun Tzu
1104.**As melhores histórias da Bíblia (vol.1)** – A. S. Franchini e Carmen Seganfredo
1105.**As melhores histórias da Bíblia (vol.2)** – A. S. Franchini e Carmen Seganfredo
1106.**Psicologia das massas e análise do eu** – Freud
1107.**Guerra Civil Espanhola** – Helen Graham
1108.**A autoestrada do sul e outras histórias** – Julio Cortázar
1109.**O mistério dos sete relógios** – Agatha Christie
1110.**Peanuts: Ninguém gosta de mim... (amor)** – Charles Schulz
1111.**Cadê o bolo?** – Mauricio de Sousa
1112.**O filósofo ignorante** – Voltaire
1113.**Totem e tabu** – Freud
1114.**Filosofia pré-socrática** – Catherine Osborne
1115.**Desejo de status** – Alain de Botton
1118.**Passageiro para Frankfurt** – Agatha Christie
1120.**Kill All Enemies** – Melvin Burgess
1121.**A morte da sra. McGinty** – Agatha Christie
1122.**Revolução Russa** – S. A. Smith
1123.**Até você, Capitu?** – Dalton Trevisan
1124.**O grande Gatsby (Mangá)** – F. S. Fitzgerald
1125.**Assim falou Zaratustra (Mangá)** – Nietzsche
1126. **Peanuts: É para isso que servem os amigos (amizade)** – Charles Schulz
1127(27).**Nietzsche** – Dorian Astor
1128.**Bidu: Hora do banho** – Mauricio de Sousa
1129.**O melhor do Macanudo Taurino** – Santiago
1130.**Radicci 30 anos** – Iotti
1131.**Show de sabores** – J.A. Pinheiro Machado
1132.**O prazer das palavras** – vol. 3 – Cláudio Moreno
1133.**Morte na praia** – Agatha Christie
1134.**O fardo** – Agatha Christie
1135.**Manifesto do Partido Comunista (Mangá)** – Marx & Engels
1136.**A metamorfose (Mangá)** – Franz Kafka
1137.**Por que você não se casou... ainda** – Tracy McMillan
1138.**Textos autobiográficos** – Bukowski
1139.**A importância de ser prudente** – Oscar Wilde
1140.**Sobre a vontade na natureza** – Arthur Schopenhauer
1141.**Dilbert (8)** – Scott Adams
1142.**Entre dois amores** – Agatha Christie
1143.**Cipreste triste** – Agatha Christie
1144.**Alguém viu uma assombração?** – Mauricio de Sousa
1145.**Mandela** – Elleke Boehmer
1146.**Retrato do artista quando jovem** – James Joyce
1147.**Zadig ou o destino** – Voltaire
1148.**O contrato social (Mangá)** – J.-J. Rousseau
1149.**Garfield fenomenal** – Jim Davis
1150.**A queda da América** – Allen Ginsberg
1151.**Música na noite & outros ensaios** – Aldous Huxley
1152.**Poesias inéditas & Poemas dramáticos** – Fernando Pessoa
1153.**Peanuts: Felicidade é...** – Charles M. Schulz
1154.**Mate-me por favor** – Legs McNeil e Gillian McCain
1155.**Assassinato no Expresso Oriente** – Agatha Christie
1156.**Um punhado de centeio** – Agatha Christie
1157.**A interpretação dos sonhos (Mangá)** – Freud
1158.**Peanuts: Você não entende o sentido da vida** – Charles M. Schulz
1159.**A dinastia Rothschild** – Herbert R. Lottman
1160.**A Mansão Hollow** – Agatha Christie
1161.**Nas montanhas da loucura** – H.P. Lovecraft
1162(28).**Napoleão Bonaparte** – Pascale Fautrier
1163.**Um corpo na biblioteca** – Agatha Christie
1164.**Inovação** – Mark Dodgson e David Gann
1165.**O que toda mulher deve saber sobre os homens: a afetividade masculina** – Walter Riso
1166.**O amor está no ar** – Mauricio de Sousa
1167.**Testemunha de acusação & outras histórias** – Agatha Christie
1168.**Etiqueta de bolso** – Celia Ribeiro
1169.**Poesia reunida (volume 3)** – Affonso Romano de Sant'Anna
1170.**Emma** – Jane Austen
1171.**Que seja em segredo** – Ana Miranda
1172.**Garfield sem apetite** – Jim Davis
1173.**Garfield: Foi mal...** – Jim Davis
1174.**Os irmãos Karamázov (Mangá)** – Dostoiévski
1175.**O Pequeno Príncipe** – Antoine de Saint-Exupéry
1176.**Peanuts: Ninguém mais tem o espírito aventureiro** – Charles M. Schulz
1177.**Assim falou Zaratustra** – Nietzsche
1178.**Morte no Nilo** – Agatha Christie
1179.**Ê, soneca boa** – Mauricio de Sousa
1180.**Garfield a todo o vapor** – Jim Davis
1181.**Em busca do tempo perdido (Mangá)** – Proust
1182.**Cai o pano: o último caso de Poirot** – Agatha Christie
1183.**Livro para colorir e relaxar** – Livro 1
1184.**Para colorir sem parar**
1185.**Os elefantes não esquecem** – Agatha Christie
1186.**Teoria da relatividade** – Albert Einstein
1187.**Compêndio da psicanálise** – Freud
1188.**Visões de Gerard** – Jack Kerouac
1189.**Fim de verão** – Mohiro Kitoh
1190.**Procurando diversão** – Mauricio de Sousa
1191.**E não sobrou nenhum e outras peças** – Agatha Christie
1192.**Ansiedade** – Daniel Freeman & Jason Freeman

1193.**Garfield: pausa para o almoço** – Jim Davis
1194.**Contos do dia e da noite** – Guy de Maupassant
1195.**O melhor de Hagar 7** – Dik Browne
1196(29).**Lou Andreas-Salomé** – Dorian Astor
1197(30).**Pasolini** – René de Ceccatty
1198.**O caso do Hotel Bertram** – Agatha Christie
1199.**Crônicas de motel** – Sam Shepard
1200.**Pequena filosofia da paz interior** – Catherine Rambert
1201.**Os sertões** – Euclides da Cunha
1202.**Treze à mesa** – Agatha Christie
1203.**Bíblia** – John Riches
1204.**Anjos** – David Albert Jones
1205.**As tirinhas do Guri de Uruguaiana 1** – Jair Kobe
1206.**Entre aspas (vol.1)** – Fernando Eichenberg
1207.**Escrita** – Andrew Robinson
1208.**O spleen de Paris: pequenos poemas em prosa** – Charles Baudelaire
1209.**Satíricon** – Petrônio
1210.**O avarento** – Molière
1211.**Queimando na água, afogando-se na chama** – Bukowski
1212.**Miscelânea septuagenária: contos e poemas** – Bukowski
1213.**Que filosofar é aprender a morrer e outros ensaios** – Montaigne
1214.**Da amizade e outros ensaios** – Montaigne
1215.**O medo à espreita e outras histórias** – H.P. Lovecraft
1216.**A obra de arte na era de sua reprodutibilidade técnica** – Walter Benjamin
1217.**Sobre a liberdade** – John Stuart Mill
1218.**O segredo de Chimneys** – Agatha Christie
1219.**Morte na rua Hickory** – Agatha Christie
1220.**Ulisses (Mangá)** – James Joyce
1221.**Ateísmo** – Julian Baggini
1222.**Os melhores contos de Katherine Mansfield** – Katherine Mansfield
1223(31).**Martin Luther King** – Alain Foix
1224.**Millôr Definitivo: uma antologia de *A Bíblia do Caos*** – Millôr Fernandes
1225.**O Clube das Terças-Feiras e outras histórias** – Agatha Christie
1226.**Por que sou tão sábio** – Nietzsche
1227.**Sobre a mentira** – Platão
1228.**Sobre a leitura *seguido do* Depoimento de Céleste Albaret** – Proust
1229.**O homem do terno marrom** – Agatha Christie
1230(32).**Jimi Hendrix** – Franck Médioni
1231.**Amor e amizade e outras histórias** – Jane Austen
1232.**Lady Susan, Os Watson e Sanditon** – Jane Austen
1233.**Uma breve história da ciência** – William Bynum
1234.**Macunaíma: o herói sem nenhum caráter** – Mário de Andrade
1235.**A máquina do tempo** – H.G. Wells
1236.**O homem invisível** – H.G. Wells
1237.**Os 36 estratagemas: manual secreto da arte da guerra** – Anônimo
1238.**A mina de ouro e outras histórias** – Agatha Christie
1239.**Pic** – Jack Kerouac
1240.**O habitante da escuridão e outros contos** – H.P. Lovecraft
1241.**O chamado de Cthulhu e outros contos** – H.P. Lovecraft
1242.**O melhor de Meu reino por um cavalo!** – Edição de Ivan Pinheiro Machado
1243.**A guerra dos mundos** – H.G. Wells
1244.**O caso da criada perfeita e outras histórias** – Agatha Christie
1245.**Morte por afogamento e outras histórias** – Agatha Christie
1246.**Assassinato no Comitê Central** – Manuel Vázquez Montalbán
1247.**O papai é pop** – Marcos Piangers
1248.**O papai é pop 2** – Marcos Piangers
1249.**A mamãe é rock** – Ana Cardoso
1250.**Paris boêmia** – Dan Franck
1251.**Paris libertária** – Dan Franck
1252.**Paris ocupada** – Dan Franck
1253.**Uma anedota infame** – Dostoiévski
1254.**O último dia de um condenado** – Victor Hugo
1255.**Nem só de caviar vive o homem** – J.M. Simmel
1256.**Amanhã é outro dia** – J.M. Simmel
1257.**Mulherzinhas** – Louisa May Alcott
1258.**Reforma Protestante** – Peter Marshall
1259.**História econômica global** – Robert C. Allen
1260(33).**Che Guevara** – Alain Foix
1261.**Câncer** – Nicholas James
1262.**Akhenaton** – Agatha Christie
1263.**Aforismos para a sabedoria de vida** – Arthur Schopenhauer
1264.**Uma história do mundo** – David Coimbra
1265.**Ame e não sofra** – Walter Riso
1266.**Desapegue-se!** – Walter Riso
1267.**Os Sousa: Uma famíla do barulho** – Mauricio de Sousa
1268.**Nico Demo: O rei da travessura** – Mauricio de Sousa
1269.**Testemunha de acusação e outras peças** – Agatha Christie
1270(34).**Dostoiévski** – Virgil Tanase
1271.**O melhor de Hagar 8** – Dik Browne
1272.**O melhor de Hagar 9** – Dik Browne
1273.**O melhor de Hagar 10** – Dik e Chris Browne
1274.**Considerações sobre o governo representativo** – John Stuart Mill
1275.**O homem Moisés e a religião monoteísta** – Freud

1276.**Inibição, sintoma e medo** – Freud
1277.**Além do princípio de prazer** – Freud
1278.**O direito de dizer não!** – Walter Riso
1279.**A arte de ser flexível** – Walter Riso
1280.**Casados e descasados** – August Strindberg
1281.**Da Terra à Lua** – Júlio Verne
1282.**Minhas galerias e meus pintores** – Kahnweiler
1283.**A arte do romance** – Virginia Woolf
1284.**Teatro completo v. 1: As aves da noite** *seguido de* **O visitante** – Hilda Hilst
1285.**Teatro completo v. 2: O verdugo** *seguido de* **A morte do patriarca** – Hilda Hilst
1286.**Teatro completo v. 3: O rato no muro** *seguido de* **Auto da barca de Camiri** – Hilda Hilst
1287.**Teatro completo v. 4: A empresa** *seguido de* **O novo sistema** – Hilda Hilst
1289.**Fora de mim** – Martha Medeiros
1290.**Divã** – Martha Medeiros
1291.**Sobre a genealogia da moral: um escrito polêmico** – Nietzsche
1292.**A consciência de Zeno** – Italo Svevo
1293.**Células-tronco** – Jonathan Slack
1294.**O fim do ciúme e outros contos** – Proust
1295.**A jangada** – Júlio Verne
1296.**A ilha do dr. Moreau** – H.G. Wells
1297.**Ninho de fidalgos** – Ivan Turguêniev
1298.**Jane Eyre** – Charlotte Brontë
1299.**Sobre gatos** – Bukowski
1300.**Sobre o amor** – Bukowski
1301.**Escrever para não enlouquecer** – Bukowski
1302.**222 receitas** – J. A. Pinheiro Machado
1303.**Reinações de Narizinho** – Monteiro Lobato
1304.**O Saci** – Monteiro Lobato
1305.**Memórias da Emília** – Monteiro Lobato
1306.**O Picapau Amarelo** – Monteiro Lobato
1307.**A reforma da Natureza** – Monteiro Lobato
1308.**Fábulas** *seguido de* **Histórias diversas** – Monteiro Lobato
1309.**Aventuras de Hans Staden** – Monteiro Lobato
1310.**Peter Pan** – Monteiro Lobato
1311.**Dom Quixote das crianças** – Monteiro Lobato
1312.**O Minotauro** – Monteiro Lobato
1313.**Um quarto só seu** – Virginia Woolf
1314.**Sonetos** – Shakespeare
1315(35).**Thoreau** – Marie Berthoumieu e Laura El Makki
1316.**Teoria da arte** – Cynthia Freeland
1317.**A arte da prudência** – Baltasar Gracián
1318.**O louco** *seguido de* **Areia e espuma** – Khalil Gibran
1319.**O profeta** *seguido de* **O jardim do profeta** – Khalil Gibran
1320.**Jesus, o Filho do Homem** – Khalil Gibran
1321.**A luta** – Norman Mailer
1322.**Sobre o sofrimento do mundo e outros ensaios** – Schopenhauer
1323.**Epidemiologia** – Rodolfo Sacacci
1324.**Japão moderno** – Christopher Goto-Jones
1325.**A arte da meditação** – Matthieu Ricard
1326.**O adversário secreto** – Agatha Christie
1327.**Pollyanna** – Eleanor H. Porter
1328.**Espelhos** – Eduardo Galeano
1329.**A Vênus das peles** – Sacher-Masoch
1330.**O 18 de brumário de Luís Bonaparte** – Karl Marx
1331.**Um jogo para os vivos** – Patricia Highsmith
1332.**A tristeza pode esperar** – J.J. Camargo
1333.**Vinte poemas de amor e uma canção desesperada** – Pablo Neruda
1334.**Judaísmo** – Norman Solomon
1335.**Esquizofrenia** – Christopher Frith & Eve Johnstone
1336.**Seis personagens em busca de um autor** – Luigi Pirandello
1337.**A Fazenda dos Animais** – George Orwell
1338.**1984** – George Orwell
1339.**Ubu Rei** – Alfred Jarry
1340.**Sobre bêbados e bebidas** – Bukowski
1341.**Tempestade para os vivos e para os mortos** Bukowski
1342.**Complicado** – Natsume Ono
1343.**Sobre o livre-arbítrio** – Schopenhauer
1344.**Uma breve história da literatura** – John Sutherland
1345.**Você fica tão sozinho às vezes que até faz sentido** – Bukowski
1346.**Um apartamento em Paris** – Guillaume Musso
1347.**Receitas fáceis e saborosas** – José Antonio Pinheiro Machado
1348.**Por que engordamos** – Gary Taubes
1349.**A fabulosa história do hospital** – Jean-Noël Fabiani
1350.**Voo noturno** *seguido de* **Terra dos homens** – Antoine de Saint-Exupéry
1351.**Doutor Sax** – Jack Kerouac
1352.**O livro do Tao e da virtude** – Lao-Tsé
1353.**Pista negra** – Antonio Manzini
1354.**A chave de vidro** – Dashiell Hammett
1355.**Martin Eden** – Jack London
1356.**Já te disse adeus, e agora, como te esqueço?** – Walter Riso
1357.**A viagem do descobrimento** – Eduardo Bueno
1358.**Náufragos, traficantes e degredados** – Eduardo Bueno
1359.**Retrato do Brasil** – Paulo Prado
1360.**Maravilhosamente imperfeito, escandalosamente feliz** – Walter Riso
1361.**É...** – Millôr Fernandes
1362.**Duas tábuas e uma paixão** – Millôr Fernandes
1363.**Selma e Sinatra** – Martha Medeiros
1364.**Tudo que eu queria te dizer** – Martha Medeiros
1365.**Várias histórias** – Machado de Assis

lepmeditores

www.lpm.com.br

o site que conta tudo

IMPRESSÃO:

PALLOTTI
GRÁFICA

Santa Maria - RS | Fone: (55) 3220.4500
www.graficapallotti.com.br